Das Jesus
Enneagramm

Clarence Thomson

Das Jesus Enneagramm

Claudius Verlag

Titel der amerikanischen Originalausgabe:
Parables And The Enneagramm
The Crossroad Publishing Company, New York
© 1996 by Clarence Thomson
Aus dem amerikanischen Englisch übersetzt
von Karin Schuler – bearbeitet von
Andreas Ebert

Die Deutsche Bibliothek – CIP-Einheitsaufnahme

Thomson, Clarence:
Das Jesus-Enneagramm / Clarence Thomson. [Aus dem amerikan.
Engl. übers. von Karin Schuler]. – München : Claudius-Verl., 2000
Einheitssacht.: Parables and the enneagramm <dt.>
ISBN 3-532-62229-7

© Claudius Verlag München 2000
Alle Rechte, auch die des auszugsweisen Nachdrucks,
der fotomechanischen und elektronischen Wiedergabe
sowie der Übersetzung, vorbehalten.
Umschlaggestaltung: Werner Richter
Druck: Schoder Druck, Gersthofen

ISBN 3-532-62229-7

Inhalt

Vorwort 7

Einleitung 11
Das Durchbrechen der Trance

EINSER 34
Rechtschaffenheit trägt ihren Lohn in sich

ZWEIER 49
Vergebliche Liebesmüh?

DREIER 64
Hochleistungsmaschinen

VIERER 79
Das Universum liebt dich überschwänglich

FÜNFER 93
Blick herab vom Elfenbeinturm

SECHSER 106
Einige Wachen tragen Gewehre

SIEBENER 122
Leugne alles und mach weiter

ACHTER 136
Die liebenswürdige Dampfwalze

NEUNER 151
Schlummernde Schönheit

Vorwort

Schon wieder ein Enneagramm-Buch! In den letzten zwölf Jahren ist erst der amerikanische und dann auch der deutsche Markt mit Titeln über diese alte Typologie der neun Charakterfixierungen geradezu überschwemmt worden. Das Enneagramm in Liebe und Arbeit, in der Unternehmensberatung, bei der Erziehung, in der Seelsorge, als Strategiekonzept für den Kommerz, als Brücke im interreligiösen Dialog, als Konzept für die Entwicklung von Gruppen und Kirchengemeinden, als Typologie, die das Verhalten biblischer Personen, Heiliger, Politiker und Schauspielerinnen, Romanfiguren und Märchengestalten deutet – die Liste ist lang.

Nur wenige dieser Veröffentlichungen dringen zum Uranliegen des Enneagramms vor, ja, einige konterkarieren es geradezu. Es kann nicht oft genug wiederholt werden: Das Enneagramm unterscheidet sich von den meisten anderen Typologien dadurch, dass es den Fokus nicht auf die Stärken und das Wachstumspotential der Persönlichkeit legt, sondern den Menschen in Übereinstimmung mit den großen Religionen als *Sünder* sieht – und zwar in unüberbietbarer und »brutalst möglicher« Nüchternheit und Härte. Es geht davon aus, dass unsere »Stärken« Nebenprodukte unserer hilflosen bis raffinierten Versuche sind, dem eigenen Elend und der eigenen Gebrochenheit die Spitze zu nehmen. Das Enneagramm in seiner ursprünglichen Intention aber lehrt, dass es ohne schonungslose Bilanz und Selbstprüfung keine wirkliche Entwicklung und Transformation gibt. Jene »Stärken«, die nicht durch das Fegefeuer eines schockierenden Gewahrwerdens und Wachwerdens gegangen sind, sind allesamt Scheinblüten, die den Keim des Todes und der Selbstvernichtung bereits in sich tragen.

Wir leben im Zeitalter der Sucht. Sucht ist der Zwang, bestimmte Stoffe aufnehmen zu müssen oder bestimmte Handlungsweisen und Gewohnheiten ununterbrochen wiederholen zu müssen. Die größte Illusion und Selbsttäuschung Abhängiger besteht darin, dass sie meinen, die Sache im Griff zu haben und jederzeit aufhören zu können. Ein Freund von mir, der kürzlich an einer Überdosis

Heroin starb, schrieb mir kurz vor seinem Tod sinngemäß: »Ich bin zwar noch nicht ganz über den Berg. Aber es ist in meiner Hand!« Welch ein Irrtum! Deswegen gehört zu den zwölf Schritten der Anonymen Alkoholiker und anderer anonymer Sucht-Selbsthilfe-Gruppen das Erkennen und Bekennen: »Ich bin machtlos. Nur eine größere Macht als ich selbst vermag mich zu retten.« Unser Enneagramm-Muster funktioniert haargenau wie eine Sucht: Ich kann nicht anders. Ich kann mich auch nicht selbst von der Macht meiner eingefleischten Muster befreien.

Viele Enneagramm-Bücher laufen darauf hinaus, aus der Not eine Tugend zu machen, indem sie die vermeintlichen Stärken der einzelnen Muster instrumentalisieren – zum Beispiel für die Kundenanalyse im kommerziellen Bereich. Wie muss ich ein Verkaufsgespräch führen, um eine ZWEI oder eine SIEBEN zu ködern? Auf diese Weise wird die Kenntnis des Enneagramms zum Herrschaftswissen im Dienst egozentrischer Interessen. Das ist genau das Gegenteil dessen, was es beabsichtigt: Das Ego zu demaskieren und zu kränken, damit es in jene Verlegenheit, Leere und Not und in jenes heilige Erschrecken gerät, die die Voraussetzung spiritueller Umkehr und Buße sind. Es gibt im Zeitalter des positiven Denkens, das dem Individuum vorgaukelt, es könne mit Hilfe mantrenhaft wiederholter Egoverstärkungen alles alleine schaffen, nichts »Unzeitgemäßeres« – und gerade deshalb Nötigeres als diese Ernüchterung.

Das vorliegende Buch leistet uns hierbei einen wundervollen Dienst. Nie zuvor ist die Botschaft Jesu so konsequent vom Enneagramm her beleuchtet worden – und umgekehrt. Die Gestalt Jesu wurde zwar schon mehrfach enneagrammatisch untersucht. Clarence Thomson aber wendet sich dem Anliegen und der Botschaft Jesu zu, die sich in dem lapidaren Aufruf: »Kehrt um!« zusammenfassen lässt. Ich hatte bei der Lektüre des Manuskripts zahlreiche Aha-Erlebnisse. Viele Gleichnisse Jesus erscheinen hier plötzlich in einem neuen Licht und leuchten auf diese Weise unmittelbar ein. Der Autor zeigt, wie sich das Enneagramm und die Botschaft Jesu gegenseitig befruchten können, so dass man am Ende beide besser versteht.

Radikale Aufrichtigkeit ist uns Menschen eigentlich nicht möglich. Wir halten es nicht aus, dem eigenen Schatten ungeschminkt ins Auge zu blicken, ohne zu verzweifeln. Jesus ermöglicht schonungslose Ehrlichkeit, indem er uns im Voraus vermittelt, dass wir geliebt sind, so wie wir sind – und dass uns nichts, auch nicht die eigene Verstrickung und Schuld, von der Liebe Gottes trennen kann. Nur als Geliebte können wir den bedrohlichen Schritt der Selbsterkenntnis wagen. Nur als Angenommene können wir uns in unserer ganzen Jämmerlichkeit und Gebrochenheit annehmen. Nur als Freigesprochene können wir uns allmählich wandeln und immer mehr die werden, die wir wirklich sind: die ersten Freigelassenen der Schöpfung, Kinder Gottes.

Dieses Buch lohnt sich. Es ist ein Meilenstein auf dem Weg der christlichen Adaption des Enneagramms, dessen Wurzeln vermutlich bis zu den christlichen Wüstenvätern des 4. Jahrhunderts zurückreichen. Es zeigt, dass die Botschaft Jesu weder überholt noch verbraucht ist, sondern eine wirksame, radikale Lösung für die Konflikte und Herausforderungen des Dritten Jahrtausends enthält. Ich wünsche diesem Buch aufmerksame, wache und umkehrwillige Leserinnen und Leser.

Andreas Ebert

Einleitung –
Das Durchbrechen der Trance

Es lebte einmal vor langer, langer Zeit ein König in Irland. Irland war damals in viele kleine Königreiche aufgeteilt, und das Reich dieses Königs war wie alle anderen. König und Königreich waren ganz gewöhnlich, und niemand beachtete sie besonders.
Doch eines Tages erbte der König von einem Verwandten, der gestorben war, einen riesigen, wunderschönen Diamanten. Es war der größte Diamant, den man je gesehen hatte. Alle waren geblendet von seiner Schönheit. Die anderen Könige schenkten ihrem Kollegen jetzt mehr Beachtung, denn wenn er einen solchen Diamanten hatte, musste er etwas Besonderes sein. Die Menschen kamen von nah und fern, um den Diamanten zu sehen. Der König hatte ihn ständig in einem Glaskasten ausgestellt, so dass alle ihn betrachten und bewundern konnten. Natürlich passten bewaffnete Wächter Tag und Nacht auf ihn auf. König und Königreich blühten auf, und der König schrieb all sein Glück dem Diamanten zu.
Eines Tage bat ein Wächter, zu ihm vorgelassen zu werden. Er wirkte verstört und völlig aufgelöst und brachte dem König eine schreckliche Nachricht: Der Diamant hatte einen Sprung! Einen Spalt genau durch die Mitte! Der König war entsetzt und lief zur Vitrine, um es mit eigenen Augen zu sehen. Es stimmte. Der Diamant hatte jetzt einen schrecklichen Riss.
Er rief alle Juweliere des Landes zusammen und bat sie um Rat. Aber was er hörte, war entmutigend. Sie sagten, der Sprung ginge so tief, dass sie den Diamanten beim Schleifen zu Staub zermahlen würden, und wenn sie versuchen würden, ihn in zwei immer noch ansehnliche Steine zu teilen, könnte er leicht in unzählige Stücke zerbrechen.
Der König dachte gerade über diese schrecklichen Möglichkeiten nach, als ein alter Juwelier, der zu spät gekommen war, vor ihn trat und sagte: »Wenn Ihr mir eine Woche mit diesem Stein gebt, kann ich ihn reparieren.« Der König glaubte ihm zuerst nicht, weil die anderen Juweliere das für unmöglich erklärt hatten, aber der alte

Mann blieb hartnäckig. Schließlich gab der König nach, erklärte aber, er dürfe mit dem Diamanten das Schloss nicht verlassen. Der alte Mann willigte ein: Er werde in einem Raum im Schloss arbeiten, und die Wachen könnten währenddessen vor der Tür stehen. Der König sah keinen anderen Ausweg und überließ dem Mann den Edelstein. Eine Woche lang gingen er und die Wachen vor der Tür auf und ab, hinter der man immer wieder Kratzen, sanftes Hämmern und Schleifen hörte. Sie überlegten hin und her, was der alte Mann dort wohl treibe und was geschehen würde, wenn er sie hinters Licht geführt hätte.

Schließlich war die Woche um, und der alte Mann kam aus dem Zimmer. Der König und die Wachen stürmten hinein, um sein Werk zu begutachten, und der König weinte Freudentränen. Der Diamant war wirklich schöner als je zuvor! Der alte Mann hatte in die Oberseite des Diamanten eine vollendet schöne Rose geschnitten, und der Riss bildete jetzt den Stiel dieser Rose.

Die Iren benutzen diese Geschichte, um zu zeigen, wie Gott uns heilt. Er nimmt unsere Schwächen und verwandelt sie – und uns – in etwas Kostbares.

Beim Enneagramm geht es um unsere Schwächen. Wir alle leiden unter einem schweren Defekt, der unsere Persönlichkeit formt. Diesen Mangel bezeichnet man als unseren Enneagramm-Stil oder – in den meisten Büchern über das Enneagramm – als unseren »Typ«. Dieser Fehler bestimmt unsere »Enneagramm-Strategie«.

Unser Kardinalfehler, unsere Haupt- oder Wurzelsünde, ist die Grundlage unseres Enneagramm-Typs. Daraus ergeben sich Stärken und Schwächen; aber die Stärken sind in Wirklichkeit nur Nebenprodukte der Schwächen, wie etwa ein Mensch im Rollstuhl manchmal kräftige Armmuskeln entwickelt: Stärke als Ausgleich, weniger als Zugewinn.

Wenn wir uns einer Sache zu intensiv widmen, geraten wir aus dem Gleichgewicht. Aber gerade in diesem Ungleichgewicht entwickeln wir bestimmte Fähigkeiten, Begabungen und Strategien. Ein Verbrecher weiß vielleicht mehr über das Gesetz als mancher Rechtsanwalt.

Jemand, der als Kind nur Comics im Kopf hatte, verdient vielleicht später viel Geld mit dem Verkauf von Comics, weil er sich auf dem Gebiet eben besonders gut auskennt. So funktioniert die Energie des Enneagramms. Wenn jemand eine Leidenschaft für eine bestimmte Sache hat, dann lernt er es auch, diese Leidenschaft zu befriedigen.

Unser Enneagramm-Stil ist unsere »Leidenschaft« oder unsere »Hauptsünde«. Wie könnten wir daraus eine Rose formen?

Dieses Buch ist voller Vorschläge, aber eines haben sie gemeinsam: Gläubige Menschen sind davon überzeugt, dass das Lesen der Bibel ihnen guttut. Millionen gläubiger ChristInnen gehen jede Woche in den Gottesdienst und lassen sich aus der Heiligen Schrift vorlesen. Wie hilft ihnen das?

Grundlage dieser weitverbreiteten Gewohnheit ist der kaum hinterfragte, unausgesprochene Glaube, dass das Hören solcher Texte in den ZuhörerInnen eine tiefere Spiritualität entstehen lässt. Teil dieses Glaubens ist unsere naive Vorstellung, dass die Bibel »Antworten« liefert, und dass wir in der Kirche solche Antworten zu hören bekommen. Billy Graham hat die Bibel sogar »Gottes Buch der Antworten« genannt.

Einige ChristInnen glauben jedoch nicht, dass das Ganze so funktioniert. Und wer in unschuldigem Eifer unter der Nummer seines Enneagramm-Typs nachlesen möchte, warum es ihm gerade so schlecht geht, dem kann ich eine nachhaltige Enttäuschung garantieren.

Die Bibel prägt uns ganz subtil – wie jede andere Geschichte auch, die wir über längere Zeit hinweg immer wieder lesen. Diesen Mechanismus kann man besonders gut in der Werbebranche beobachten, die auf Verhaltensänderung abzielt. Wenn Sie einem Jungen ein T-Shirt mit der Rückennummer von Michael Jordan verkaufen, verändern Sie das Bild, das dieser Junge von sich hat. Sie verändern sein Innenleben. Wenn der Junge jetzt Basketball spielt, nimmt er unbewusst die Werte, die Spieltechnik, das Verhalten seines Helden an – soweit er kann. In einem gewissen Sinne wird er die Person, die er bewundert. Das Beispiel mag trivial sein, aber der Prozess an sich ist es nicht.

Es geht hier um die Formung durch Vorstellungskraft. Und gerade in der Vorstellungskraft liegt für uns die Möglichkeit, etwas zu verändern – die Rose zu meißeln.

Werbeleute diskutieren nicht mit uns; sie besetzen unsere Fantasie. Viele Menschen behaupten etwas naiv: »Ich lasse mich nicht vom Fernsehen beeinflussen, weil die Werbespots so dumm sind.« Doch hinter dem Werbegeschäft stecken zu viel Geld und zu viele Ideen, da geht es nicht um irgendwelche überzeugenden Argumente. Diese Leute wissen es besser. Sie appellieren an unsere Vorstellungskraft.

Dieser Appell an die Fantasie steht in Spannung zu zwei anderen möglichen Wegen, eine Veränderung in die Wege zu leiten. Der erste ist der oben erwähnte Appell an die Vernunft: »Hör einfach auf, böse zu sein, und fang an, gut zu sein! Sei nicht so zwanghaft und mach dir keine Sorgen!« Wir alle haben so etwas schon gehört. Therapeuten, Lehrer, Mütter, Diätberater – alle haben solche Sprüche auf Lager; und wir alle wissen, dass sie nicht wirken. In den Enneagramm-Büchern gibt es viele solcher Ratschläge. »Die VIER muss sich der EINS annähern und mit deren Objektivität und moralischen Prinzipien in Berührung kommen.« Das ist sicher richtig, aber warum funktioniert es so selten? Weil man Steine nicht mit dem Rasiermesser herausbrechen kann und es einfachen vernünftigen Erklärungen an Kraft fehlt.

Auch der Appell an die Willenskraft ist meist sinnlos. Wenn Sie einer phobischen Person raten, doch einfach die Zähne zusammenzubeißen und ihre lächerlichen Ängste zu vergessen, machen Sie alles nur noch schlimmer. In einigen Ordenshäusern und frommen Büchern wird noch immer die katholische Tradition des *agere contra* gelehrt. Von vielen Heiligen ist bekannt, dass sie »dagegen gehandelt« und genau das getan haben, was sie am wenigsten tun wollten. In bestimmten Situationen kann das funktionieren, wie zum Beispiel beim heiligen Franziskus, der den Aussätzigen küsst, aber als allgemein gültige Forderung oder Willensanstrengung ist es zum Scheitern verurteilt. Fragen Sie einfach jemanden, der versucht hat, nur durch Einsatz seiner Willenskraft abzunehmen.

Jesus schlug einen anderen Weg ein. Er appellierte an die Vorstellungskraft. Als er zum Beispiel hörte, dass Johannes der Täufer geköpft worden sei, ging er hinaus in die Einsamkeit, um zu beten, und die Menschen folgte ihm in Scharen. Hier ist der Bericht aus dem Markus-Evangelium:

> Da sagte er zu ihnen: Kommt mit an einen einsamen Ort, wo wir allein sind, und *ruht ein wenig aus*. Denn sie fanden nicht einmal Zeit zum Essen, so zahlreich waren die Leute, die kamen und gingen. Sie fuhren also mit dem Boot in eine einsame Gegend, um allein zu sein. Aber man sah sie abfahren, und viele erfuhren davon; sie liefen zu Fuß aus allen Städten dorthin und kamen noch vor ihnen an. Als er ausstieg und die vie-

len Menschen sah, hatte er Mitleid mit ihnen; denn sie waren *wie Schafe, die keinen Hirten haben.* Und er lehrte sie lange. Gegen Abend kamen seine Jünger zu ihm und sagten: *Der Ort ist abgelegen,* und es ist schon spät. Schick sie weg, damit sie in die umliegenden Gehöfte und Dörfer gehen und sich etwas zu essen kaufen können! Er erwiderte: Gebt ihr ihnen zu essen! Sie sagten zu ihm: Sollen wir weggehen, für zweihundert Denare Brot kaufen und es ihnen geben, damit sie zu essen haben? Er sagte zu ihnen: Wie viele Brote habt ihr? Geht und seht nach! Sie sahen nach und berichteten: Fünf Brote, und außerdem zwei Fische. Dann befahl er ihnen, den Leuten zu sagen, sie sollten sich in Gruppen *ins grüne Gras* setzen. Und sie setzten sich in Gruppen zu hundert und zu fünfzig. Darauf nahm er die fünf Brote und die zwei Fische, blickte zum Himmel auf, sprach den Lobpreis, brach die Brote und gab sie den Jüngern, damit sie sie an die Leute austeilten. Auch die zwei Fische ließ er unter allen verteilen. Und alle aßen und wurden satt. Als die Jünger die Reste der Brote und auch der Fische einsammelten, wurden zwölf Körbe voll. Es waren fünftausend Männer, die von den Broten gegessen hatten. (Markus 6,31–44)

Als Markus diese Geschichte erzählte, erinnerten sich die Zuhörer, die das Alte Testament gut kannten, an Psalm 23, und sie stellten fest, dass Jesus ihn erfüllte. Es ist der vielleicht bekannteste Psalm überhaupt, er beginnt mit den Worten:

Der Herr ist mein Hirte, nichts wird mir fehlen. Er lässt mich lagern auf grünen Auen und führt mich zum Ruheplatz am Wasser. (Psalm 23,1–2)

Lesen Sie die Geschichte noch einmal und achten Sie auf die kursiv gedruckten Worte. Sie waren für die Menschen damals Stichworte, die sofort in ihrer Vorstellung ein Bild wachriefen und sie an den alttestamentlichen Psalm denken ließen.
Markus verwendet für seine Darstellung verschiedene Quellen. Der Befehl Jesu, sich in Gruppen zu hundert und zu fünfzig niederzusetzen, bezieht sich wahrscheinlich auf die Gemeinden zur Zeit der Evangelisten, die sich in Gruppen dieser Größenordnung trafen. Markus sieht zurück und nach vorn; und genau das sollten wir auch tun. Wir sättigen unsere Vorstellungswelt mit Bildern aus der Bibel

und leben dann aus dieser Vorstellung heraus. Wir sprechen oft von unserer *Auslegung* der Heiligen Schrift; aber richtiger wäre es, anzuerkennen, dass die Geschichten, Bilder und Worte Jesu ihrerseits unser Leben deuten und »auslegen«. Diese Bilder liefern eine Antwort auf die Frage, die wir uns selbst stellen – oder die andere uns vorhalten, wenn wir uns allzu schlecht benehmen: »Was tust du da eigentlich?« Als Markus seinem Volk erklären wollte, was Jesus eigentlich tat, wählte er dazu bekannte Bilder aus dem Alten Testament. Und genau das möchte ich auch vorschlagen: Benutzen wir die Bibel. Die Metaphern, Gleichnisse und Bilder sprechen unsere Vorstellungskraft auf einer tieferen Ebene an, dort, wo echte Veränderungen vonstatten gehen und die Vielfalt und Verschiedenheit der Eindrücke Fanatismus und Starrheit verhindert. Wenn jemand nur aus ein paar wenigen Redewendungen und Bildern heraus lebt, entsteht Fundamentalismus.

Die Antwort auf die Frage: »Was tust du eigentlich?« lautet: »Ich handle aus meiner Vorstellungswelt heraus, ich handle aus meinem Selbstbild heraus, aus meinem Gottes- und Weltbild heraus. Du findest mein Verhalten vielleicht seltsam, weil Du meine inneren Bilder nicht kennst, auf denen meine Gedankenwelt basiert.« Das Enneagramm hilft dabei, die innere Geografie im Denken des Gegenübers zu erkunden. Und die Bibel liefert fruchtbare Alternativen zu dieser Geografie.

Zwei Visionen der Welt

Unsere von unserem Enneagramm-Typ bestimmte Sicht der Welt steht immer im direkten Gegensatz zur Weltsicht Jesu. Jesus drückt es so aus:

> Niemand kann zwei Herren dienen; er wird entweder den einen hassen und den andern lieben, oder er wird zu dem einen halten und den andern verachten. Ihr könnt nicht beiden dienen, Gott und dem Mammon. (Matthäus 6,24)

Jesus war – wie die prophetische Tradition im Allgemeinen – sehr misstrauisch gegenüber der Verlockung des Geldes. Aber seine Aussage ist unglaublich hart. Jesus ließ uns nie wählen zwischen Gott und Vergnügen, Gott und Macht, Gott und Sex. Nur beim Geld geht es um das Entweder-Oder. Warum?

Meine Theorie lautet: Die Grundregel, nach der jede Wirtschaft funktioniert, ist, wie jeder BWL-Student im ersten Semester lernt, das Spiel von Angebot und Nachfrage. Wenn jemand nur wenig über dieses Thema weiß, dann das. Angebot und Nachfrage setzen wiederum eine Knappheit von Gütern voraus.

Die Wirtschaft und unsere Enneagramm-Stile haben diese Gemeinsamkeit: Sie gehen von einer Welt aus, in der es nicht genug gibt, egal, was man haben will. Mein Enneagramm-Stil bringt mich dazu, furchtbar hart zu arbeiten, um das zu erreichen, was ich unbedingt haben möchte. SECHSer strampeln sich ab, um Sicherheit zu finden, und DREIer werden alles tun, um erfolgreich zu sein. Es ist bei jedem Stil dasselbe.

Gegen dieses Fühl- und Denkmuster – eine eingebildete Knappheit – setzt Jesus seine Vision des Gottesreiches, in dem es mehr als genug von allem für alle gibt. Markus' Gleichnis von der Speisung der Fünftausend zielt theologisch vor allem darauf ab, dass im Gottesreich genug für jeden da ist. Die Lilien auf dem Felde, die kostbare Perle und viele andere Gleichnisse betonen ebenso, dass das Leben mit Gott ein Leben in Fülle ist.

Jesus ist nicht naiv, aber er ist ein Mystiker. Mystiker sprechen oft in Begriffen des Überflusses, der Auflösung scheinbarer Gegensätze, des guten Endes in der Ewigkeit – egal, welche Erfahrungen man in der Gegenwart macht. In den Augen Jesu ist die Welt von seinem Vater erschaffen, und deshalb muss alles kommen, wie es kommt. Er lehrt uns im Vaterunser, für »unser tägliches Brot« zu beten, wie die Israeliten in der Wüste Manna bekamen. Der Überlieferung nach wird Gott uns geben, was wir brauchen; Jesus lebt aus diesem Bild heraus. Brot zu horten ist nicht nur Geiz; es offenbart einen Mangel an Glauben an die Vision des Überflusses. Wenn es Liebe im Überfluss gibt, dann gibt es alles im Überfluss. Die Welt des Geldes, der Wirtschaft, ist eine Welt der Knappheit. Man kann nicht gleichzeitig aus einer Perspektive der Knappheit und einer des Überflusses heraus agieren. Die Anbetung des Geldes (die gar nichts damit zu tun hat, ob man welches besitzt oder nicht) offenbart einen Mangel an vertrauensvollem Glauben und verrät eine innere Welt der Knappheit. Man kann nicht Gott und dem Geld dienen, weil die Weltsichten des Überflusses und der Knappheit nicht nebeneinander existieren können.

Die Gleichnisse Jesu sind verwirrend, weil sie Beschreibungen seiner inneren Welt sind, die durchflutet ist von der Gegenwart Gottes – einer Welt ohne Mängel, wie sie beim Enneagramm eine wichtige Rolle spielen. Wenn unsere eigene innere Welt anders gepolt ist, empfinden wir die Gleichnisse als Unsinn, ebenso wie wir das Verhalten der anderen Enneagramm-Typen vielleicht unsinnig finden, weil wir ihre Weltsicht nicht teilen.

Das Matthäus-Evangelium berichtet, dass Jesus, als er die Gute Nachricht verbreitete, in Gleichnissen sprach. Gemessen daran, wie wirkungsvoll Jesus die Aufmerksamkeit seiner Zuhörer gewann und sie entweder bekehrte oder sich zu Feinden machte, hat er mit den Gleichnissen offenkundig eine sehr sinnvolle literarische Gattung gewählt. Jesus selbst erklärt uns, warum er in Gleichnissen spricht:

> Deshalb rede ich zu ihnen in Gleichnissen, weil sie sehen und doch nicht sehen, weil sie hören und doch nicht hören und nichts verstehen. (Matthäus 13,13)

Seine Zuhörer sind also unfähig zu hören oder zu sehen. Was kann er damit gemeint haben? Warum spricht er überhaupt zu Menschen, die nicht hören? Warum redet er mit Menschen, die nichts verstehen? Weil sie – und wir – uns wie in Trance befinden. Wir sind nicht ganz wach, nicht ganz anwesend.

Durch jüngere Forschungen haben wir mehr und mehr über Trancezustände erfahren, über selektives Hören und Sehen, darüber, dass wir nur hören, was wir wollen, erwarten oder hören müssen. Dabei kann man verschiedene Verständnisebenen unterscheiden. Die erste Ebene ist der gesunde Menschenverstand. Wir alle sind uns bewusst oder unbewusst darüber im Klaren, dass die meisten Menschen »blinde Flecken« haben, die sie einfach nicht wahrhaben wollen. Niemand ist so blind wie derjenige, der nicht sehen *will*. Wir benutzen Redewendungen wie »Er will es einfach nicht hören«, wenn wir von einer Person sprechen, die überhaupt nicht verständnisvoll reagiert.

Trancezustände sind nicht esoterisch, mysteriös oder ungewöhnlich. Sie sind eine Möglichkeit, in der dröhnenden Geschäftigkeit des Lebens seine Aufmerksamkeit auf einige ausgewählte Dinge zu richten. Wir alle machen auf die eine oder andere Weise solche Tranceerfahrungen. Um Mitternacht »sehen die Dinge anders aus« als am nächsten Morgen. Wir sagen, »sie sehen anders aus«, weil wir nicht zugeben wollen, dass wir die Dinge nicht sehen, wie sie wirklich sind.

Je nachdem, ob wir furchtbar hungrig sind oder gerade ein gutes Essen zu uns genommen haben, richtet sich unsere Aufmerksamkeit auf unterschiedliche Dinge, unsere Wertehierarchie ändert sich entscheidend. Man hat herausgefunden, dass einem Menschen, der auf seine Hinrichtung wartet, plötzlich ganz klar wird, was wirklich wichtig ist. Ähnlich ist es, wenn man nur knapp einem schweren Autounfall entgeht.

Nur wenige Trancezustände kommen in ihrer Intensität der hormonell beeinflussten geballten Aufmerksamkeit der ersten Liebe gleich. Müdigkeit, Koffein, guter Wein oder billiger Bourbon, ein Firmen-Schreiben, dass Ihr Job zur Disposition steht, ein Anruf, dass Ihr Kind im Krankenhaus liegt – all das kann dazu führen, dass Teile Ihrer Welt in den Mittelpunkt rücken und andere Teile plötzlich ganz unwichtig werden.

Technisch gesehen handelt es sich hier um Trancezustände – Bewusstseinszustände, in denen wir uns auf eine Sache oder einige Zusammenhänge konzentrieren und alle anderen Dinge außen vor lassen.

Moderne Therapien, besonders die von *Milton Erickson* entwickelte Hypnosetherapie und die neurolinguistische Programmierung, die locker mit ihr in Verbindung steht, beschäftigen sich intensiver mit dem selektiven Hören und Sehen. Erickson benutzte Geschichten, Metaphern und symbolische Handlungen, um ein Leben lang eingeschliffene Verhaltensweisen von Menschen innerhalb einer einzigen Sitzung völlig zu verändern. Seine anerkannte Fähigkeit in diesem Bereich verhalf der Hypnose zur klinischen Akzeptanz. Er benutzte sie als ernstzunehmendes Werkzeug und legte offen, dass wir alle in gewisser Hinsicht hypnotisiert sind und unser Leben ändern können, indem wir unsere hypnotische Trance ändern. Durch Ericksons Forschungen verstehen wir jetzt, dass wir wirklich wichtige Dinge manchmal nicht sehen können, weil das »Nicht-Sehen« früher unsere Strategie war, mit der Wirklichkeit fertig zu werden. *Trance* wurde zur gängigen Vokabel, wenn man über Verzerrungen des Verständnisses sprach, die auf vielen Ebenen und in verschiedenen Erscheinungsformen existieren. Es war kein irgendwie mysteriöser Selbst- oder Willensverlust, der durch ein äußeres Geschehen hervorgerufen wurde, sondern etwas, das wir selbst uns auferlegen, damit wir uns nicht mit Dingen beschäftigen müssen, die uns zu sehr ängstigen oder abschrecken. Opfer von sexuellem Missbrauch berichten, dass sie während des Geschlechtsverkehrs nichts spüren können. Sie sind in Trance. Sie fühlen, aber sie fühlen zugleich nicht.

Es braucht allerdings gar nichts so Extremes wie sexueller Missbrauch zu sein. Auch kulturelle Gewohnheiten können Trancezustände hervorrufen. Die Schriftstellerin und Theologin *Megan McKenna* erzählte mir diese Geschichte: In Albuquerque, New Mexiko, sprach sie mit einem Kollegen, der indianischer Abstammung war. Sie gingen eine Geschäftsstraße entlang, überall hupten Autos, dröhnten Busse und unterhielten sich Passanten, als ihr Freund plötzlich sagte: »Horch mal, hörst du die Grillen?« Megan lauschte, konnte aber nichts hören. Sie wollte ihren indianischen Freund ein bisschen aufziehen und sagte: »Ich höre keine Grillen! Willst du mich auf den Arm nehmen und ernsthaft behaupten, dass du etwas hören kannst, was ich nicht höre, nur weil du Indianer bist?«

Ihr Freund grinste nur und sagt: »Nein, komm mit!« Sie gingen ein paar Meter vom Bürgersteig weg, und da sahen sie einige Grillen. Sobald Megan sie sah, konnte sie sie auch hören.

»Es ist einfach die Frage, welche Geräusche du ausfilterst«, sagte er. »Pass mal auf!« Er zog ein paar Münzen aus der Tasche und warf sie zu Boden. Alle Passanten im Umkreis von dreißig Metern blieben stehen und schauten herüber.

Die Menschen, die hier vorbeigingen, hörten auf das Geld, nicht aber auf Grillen. Technisch gesprochen waren sie alle in Trance. Und genau so sind wir alle in einem Trancezustand, den wir selbst hervorgerufen haben und der unseren eigenen Zwecken dient.

Dr. Stephen Wolinsky, Autor des Buches *Die alltägliche Trance*, ist ein Therapeut aus der Schule Ericksons. Er behauptet, dass wir nicht nur alle in einer kulturellen und persönlichen Trance leben, sondern auch, dass Trance-Phänomene das Mittel sind, durch das Symptome hervorgerufen und aufrechterhalten werden. Das heißt, dass alle unsere neurotischen Verhaltensmuster und Gefühle in unseren Trancezuständen ihren Ursprung haben. Wir verhalten uns nicht neurotisch, wenn wir die Welt sehen, wie sie wirklich ist. Wenn wir einen Weg finden, unsere Trance zu durchbrechen, können wir uns von vielen schmerzhaften und zerstörerischen Verhaltensweisen und Gefühlen, die zu diesem Verhalten führen, befreien.

Stark verallgemeinernd kann man also sagen: Infolge von wiederholten oder traumatischen Ereignissen in unserer Vergangenheit hören wir auf, zu sehen, zu hören oder zu fühlen. Unser Verhalten passt sich unserer verstümmelten und verzerrten Weltsicht an.

Wir benehmen uns so, als befänden wir uns immer noch in diesem früheren Status.

Ein einfaches Beispiel kann das verdeutlichen: Wenn ein Vater seiner sechsjährigen Tochter immer wieder erklärt, sie sei einfach dumm, dann ist es egal, wie klug sie einmal wird, sie wird sich wahrscheinlich immer noch für dumm halten. Sie sieht die Welt nicht, wie sie ist, sondern so, wie sie es gesagt bekam, als sie sechs war.

Eine Trance ist nicht einfach eine bunte Brille, durch die wir die Welt betrachten. Sie gibt uns vielmehr vor, wie wir uns in einer solchen Welt zu verhalten haben

In seinem Therapie- und Enneagramm-Workshop für Fortgeschrittene behauptet *Thomas Condon*, dass unser Enneagramm-Typ sowohl eine *Weltsicht* als auch eine *Strategie* beinhaltet. Er sagt, dass unsere Enneagramm-Strategie aus vielen Schritten in einer ziemlich starren Abfolge besteht, die wir »automatisch« vollführen, um das zu erlangen, was wir nicht haben. Das Seltsame dabei ist, dass wir etwas zu gewinnen suchen, das wir zuvor weggegeben haben. Wenn vor dem Auto einer SECHS plötzlich ein anderer Wagen aus einer Parklücke ausschert, wird sich die SECHS unter Umständen einreden, dass Autofahren gefährlich sei, und eine Ausbildung zum Rennfahrer planen, um in dieser Welt des chaotischen Verkehrs sicher zu sein. Erst dann erlangt sie wieder die Sicherheit, die sie hatte, bevor sie sich selbst in Angst versetzte.

Wenn wir uns alle in einer Art Trance befinden und jetzt die wissenschaftlichen Hilfsmittel zur Verfügung haben, diese Trancezustände zu untersuchen, dann macht auch Jesu Entscheidung, in Gleichnissen zu reden, mehr Sinn. Gleichnisse sind ein Weg, um zu Menschen in Trance zu sprechen – zu Menschen, die hören und sehen können, es aber nicht tun, und die deshalb nichts verstehen.

Gleichnisse sind eine sinnvolle literarische Form, um unsere normalen Abwehrmechanismen zu durchbrechen und uns von Wahrheiten zu überzeugen, die wir aufgrund unserer Trance bisher nicht sehen oder hören konnten.

Bestimmte Geschichten können dasselbe bewirken, ebenso Sprachformen, die auf der rechten Seite des Gehirns verarbeitet werden, wie Slogans, Sprichwörter, Aphorismen und Metaphern.

Allerdings sind Gleichnisse genau das Gegenteil von sonstigen Geschichten. Sie erklären uns, dass wir die Welt falsch sehen. Sie besitzen eine negative Logik – sie zeigen uns, dass das, was wir immer für wahr gehalten haben, nicht wahr ist, aber sie zeigen uns nicht, was denn nun wahr *ist*. Dieser Unterschied ist unglaublich wichtig. Mit anderen Worten: Gleichnisse zeigen uns, dass wir verzerrende Brillen tragen; doch wenn wir sie abnehmen und die Dinge klar sehen, erklären die Gleichnisse uns nicht, was wir stattdessen sehen. Jesus benutzte Gleichnisse, um uns in die Lage zu versetzen, selbst zu sehen. Wenn wir selbst sehen können, sind wir frei. So wird auch die Beziehung zwischen dem Erscheinen Jesu, um uns zu erretten, und seiner Entscheidung, in Gleichnissen zu uns zu sprechen, sehr viel klarer. Und es wird klarer, warum Jesus, nachdem er die Gleichnisse erzählt hat, verspricht, den »Parakleten«*, den Heiligen Geist, zu senden. Die Gleichnisse lehren uns, nicht dem zu glauben, was falsch ist. So bereiten sie den Weg für den Parakleten vor, der uns lehrt, was richtig ist.

Die Gleichnisse beweisen, dass Jesus uns etwas zutraut. Wenn er uns ein Gleichnis erzählt, das unsere eingefahrene Weltsicht zerstört und nichts Neues an ihre Stelle setzt, vertraut er offensichtlich darauf, dass wir selbst sehen können. Er ersetzt das alte Gesetz nicht durch ein neues, eine Trance nicht durch eine andere. Er ersetzt die Trance durch die Wirklichkeit und öffnet uns die Augen.

Wenn er uns Hinweise darauf gibt, was wir denken sollen, so spricht er durch Geschichten zu uns, nicht durch Gleichnisse. Geschichten schaffen eine innere Welt für uns. Jeder Lehrer sollte sich über das Land, in dem er unterrichtet, informieren, weil er besser mit den Schülern kommunizieren kann, wenn er die Geographie der Welt, in der sie leben, kennt, und weil er sich so auch ihrer inneren Welt besser annähern kann. Geschichten formen uns, sagen uns, was wahr ist und wie wir uns verhalten, um auszudrücken, wer wir sind. Gleichnisse jedoch verfügen darüber hinaus über die Kraft, die Geschichten, die wir missverstanden haben, richtigzustellen.

Der gleiche Unterschied besteht zwischen unterdrückenden, sektenähnlichen Religionen – die behaupten, im Besitz aller Wahrheiten zu sein – und den Lehren Jesu. Sektenführer legen Wert auf die Kontrolle über unsere Gedanken; Jesus dagegen legt Wert darauf, in Gleichnissen zu reden, um uns die Kontrolle zurückzugeben.

Gleichnisse zeigen uns, dass wir, wenn wir unsere Beschränktheit ablegen würden, mehr von der Welt sehen könnten.

---

* Im Johannes-Evangelium verspricht Jesus die Ankunft des Parakleten (Anwalt; Luther: Tröster), der die Jünger in die ganze Wahrheit führen wird (Joh. 14–16).

Zum Beispiel kennen wir alle das Gleichnis von Gott als dem Guten Hirten, das unsere Phantasie so eingenommen hat, dass noch heute Kirchengemeinden, Krankenhäuser, Konvente und Heime nach ihm benannt sind:

Was meint ihr? Wenn jemand hundert Schafe hat und eines von ihnen sich verirrt, lässt er dann nicht die neunundneunzig auf den Bergen zurück und sucht das verirrte? Und wenn er es findet – amen, ich sage euch: er freut sich über dieses eine mehr als über die neunundneunzig, die sich nicht verirrt haben. So will auch euer himmlischer Vater nicht, dass einer von diesen Kleinen verlorengeht. (Matthäus 18,12–14)

Dies ist kein guter Ratschlag, wie man sich als Hirte verhalten sollte. Wenn man neunundneunzig Schafe sich selbst überlässt, wie viele werden dann noch da sein, wenn man zurückkommt? Und wie viele von denen sind noch am Leben? Wenn Sie in der Oberstufe Religion unterrichten und neunzehn SchülerInnen allein lassen, um sich um einen Schüler zu kümmern, dem es nicht gut geht, wie sieht dann wohl der Klassenraum aus, wenn Sie zurückkommen? Und wenn Sie zwanzig Minuten weg waren, wie viele Leute werden Sie noch dort antreffen?

Was will uns das Gleichnis also sagen, wenn es uns keinen guten Ratschlag geben will?

Es will uns klarmachen, dass wir das Leben falsch sehen. Jemanden davon zu überzeugen, dass er das Leben falsch sieht, ist keine leichte Aufgabe. Wie viele Menschen kennen Sie, denen Sie liebend gern vermitteln würden, dass sie die Dinge falsch sehen? Wie viele Politiker fallen Ihnen dazu ein? Wenn wir uns selbst betrachten, müssen wir zugeben, dass auch wir eine Reihe von Dingen für wahr halten, die es in Wirklichkeit nicht sind. Therapeuten verdienen ihr Geld damit, dass sie uns davon überzeugen, dass wir die Welt anders sehen müssen. Und wir beschreiben unseren eigenen Wachstums- und Veränderungsprozess als ein Sehen-Lernen: wir erkennen Zusammenhänge, die es immer schon gab, die wir aber einfach nicht sehen konnten (»Ich habe zum ersten Mal gemerkt, wie ...«)

Nehmen wir zum Beispiel die Geschichte vom Barmherzigen Samariter, wie sie im Lukas-Evangelium 10,25ff erzählt wird. Ein Gesetzeslehrer (jemand, dessen Aufgabe es ist, sich um das zu kümmern, was sein sollte – das Recht), fragte Jesus, was er tun müsse, um das ewige Leben zu gewinnen. Jesus wusste, dass der Mann die Regeln kannte, also fragte er ihn, was denn das Gesetz dazu sage. Der Gesetzeslehrer gab die richtige Antwort, wie man es von einem Fachmann erwarten kann, und Jesus sagte: »Du hast richtig geantwortet. Handle danach, und du wirst leben.« Doch der Gesetzeslehrer »wollte seine Frage rechtfertigen«, wie Lukas schreibt, und fragte Jesus: »Wer ist mein Nächster?« Jesus war klug; er ließ sich nicht auf eine Diskussion über die Spitzfindigkeiten des jüdischen Gesetzes ein. Stattdessen erzählte er dem Gesetzeslehrer das Gleichnis vom Barmherzigen Samariter.

Warum erzählte er dieses Gleichnis einem Menschen, der schon wusste, wie er das ewige Leben gewinnen konnte? Weil er das Weltbild des Gesetzeslehrers, seine Trance, durchbrechen musste. Wir alle neigen dazu, uns im Rahmen unserer Trance selbst zu rechtfertigen, indem wir etwa sagen: »Wenn du gewusst hättest, was ich wusste, hättest du auch ...« Wenn Jesus den jüdischen Priester, der auch in der Geschichte auftaucht, zum Helden des Gleichnisses gemacht hätte, dann hätten die Menschen es als einen guten Ratschlag aufgefasst: »Siehst du? Mach es wie dein Priester und kümmere dich um die, die Hilfe brauchen.« Der Gesetzeslehrer und die anderen Zuhörer wären dem Beispiel eines Priesters sicher viel lieber gefolgt als dem des Samariters, der einer von den Juden verachteten Minderheit angehörte. Dabei wären sie allerdings in ihrer Trance gefangen geblieben, die ihnen einredete, dass alle Samariter böse und nur die anderen Juden ihre Nächsten seien.

Der wesentliche Punkt ist jedoch, dass der Gesetzeslehrer sich ein falsches Bild von der Welt machte, ebenso wie die jüdischen Zuhörer und ebenso wie wir. Jesus erzählt die Geschichte und fragt dann: »Was meinst du: Wer hat sich als der Nächste erwiesen?« Das ist die Frage, die Jesus so beantwortet hat, dass seither jeder und jede die eigenen Beziehungen neu beurteilen muss. Jesus zerstört zuerst unsere Vorstellung vom »Nächsten«, um uns dann beizubringen, dass wir alle Brüder und Schwestern sind. Doch man kann nicht Bruder oder Schwester sein, wenn man nicht einmal »Nächster« oder »Nächste« sein kann.

Versuchen wir es selbst einmal! Fragen wir uns selbst: »Wer ist mein Nächster?« und übersetzen wir diese Frage so: »Wem muss ich in der Not helfen, und wie viel Hilfe muss ich ihm leisten?« Wenn wir so fragen, müssen wir den Kreis der Nächsten sehr klein halten, weil wir uns alle arm fühlen und nicht die Mittel (Zeit, Energie, Großzügigkeit oder Geld) haben, um vielen Menschen zu helfen.

Wenn wir jedoch die Frage andersherum stellen: »Wer sollte mir helfen, wenn ich in Not gerate?«, dann ändert sich die Antwort vollkommen. Wenn ich in der Klemme bin, erwarte ich von jedem Hilfe. So plötzlich ändert sich meine Wahrnehmung. Genau das zeigt Jesus dem Gesetzeslehrer – die Perspektive des *Opfers*. Dadurch bringt er ihn dazu, seine unbewusste Definition des Wortes »Nächster« zu hinterfragen.

Die religiösen und politischen Machthaber töteten Jesus wegen der Botschaft seiner Gleichnisse, denn diese Art zu denken reißt gesellschaftliche, politische und religiöse Grenzen ein, auch heute noch. Was zum Beispiel würde mit unseren Sozialhilfegesetzen geschehen, wenn ein Mitglied der Regierung auf Sozialhilfe angewiesen wäre oder auch nur die Vorstellungskraft besäße, sich in die Lage einer alleinerziehenden Frau mit kleinen Kindern hineinzuversetzen?

Wenn jemand ein persönliches Interesse daran hat, die Welt »so zu sehen, wie sie ist« (aus *seiner* Perspektive), mit all ihren Gesellschaftsschichten, Privilegien und Ausgrenzungen, dann ist es fast unmöglich, seine Einstellung zu beeinflussen. Deshalb sagt Jesus:

... Ich preise dich, Vater, Herr des Himmels und der Erde, weil du all das den Weisen und Klugen verborgen, den Unmündigen aber offenbart hast. Ja, Vater, so hat es dir gefallen. (Lukas 10,21)

Dieser Satz wird oft benutzt, um Unwissen zu rühmen oder zu entschuldigen; doch im politischen Kontext seiner Zeit ist er höchstwahrscheinlich als eine Verurteilung der Härte der Machthaber zu verstehen. Die Cleverness abgeschotteter Machthaber hält sie davon ab, die grundsätzliche Gleichheit aller zu sehen. Die kalifornischen Wähler haben vor kurzem dem Gesetzesantrag 187 zugestimmt und damit die politischen Grenzen ihres Bundesstaates so gezogen, dass »illegale Zuwanderer«, die nicht in Kalifornien geboren wurden, jetzt ganz ausdrücklich keinen Anspruch mehr auf Bildung und Gesundheitsfürsorge haben. Doch die Kalifornier sind nicht schlechter als alle anderen: Wir alle ziehen Grenzen, die wir zu verteidigen suchen – die Gemeinde, den Bezirk, die Nachbarschaft, wirtschaftliche oder politische Grenzen. Gleichnisse aber lösen diese künstlich geschaffenen Abgrenzungen auf.

Das Gleichnis von den Lilien zum Beispiel ist allgemein beliebt und wird immer wieder gern zitiert:

Seht euch die Lilien an: Sie arbeiten nicht und spinnen nicht. Doch ich sage euch: Selbst Salomo war in all seiner Pracht nicht gekleidet wie eine von ihnen. Wenn aber Gott schon das Gras so prächtig kleidet, das heute auf dem Feld steht und morgen ins Feuer geworfen wird, wie viel mehr dann euch, ihr Kleingläubigen! (Lukas 12,27–28)

Wenn wir dies als Ratschlag nehmen, ist es ein ziemlich schlechter Ratschlag. Doch wir lesen ihn ja auch nicht im »Kleinen Handbuch zur Karriereplanung« des Lukas. Auch mit diesen Sätzen will Jesus uns daran erinnern, dass konventionelle Klugheit, Erfolgsplanungen und Vorstellungen von politischer Verantwortlichkeit zweifelhaft sind. Es ist ein Fehler, solche Konzepte absolut zu setzen, sie sind nicht in Stein gemeißelt. Nur Gott ist Gott – alles andere ist relativ und verkommt zur Bedeutungslosigkeit. Jesus sagt letztlich: »Was immer du über die Welt denkst, es ist falsch.«

Und das führt uns direkt zum Enneagramm.

Das Enneagramm ist ein System zur Typisierung der Persönlichkeit und geht von der Grundannahme aus, dass wir alle die Welt aus einem falschen Blickwinkel heraus sehen. Jeder der neun Typen sieht die Welt auf seine Weise und ist davon überzeugt, dass er das ganze Bild sieht. Aber das ist nicht der Fall. Jeder Typ ist in seiner eigenen Trance gefangen, wir alle bewegen uns in Trance, wie Menschen, die mit einem Blitzlicht ausgestattet durch einen dunklen Raum gehen. Was wir sehen, sehen wir ganz klar und deutlich, doch auch was wir nicht sehen, ist wichtig – und kann uns wehtun.

Richard Rohr sagt, dass jeder der neun Typen ein Neuntel der Wahrheit sieht. Jeder Typ befindet sich in einer Form von Trance. Das Persönlichkeitssystem des Enneagramms geht davon aus, dass uns unsere neun unterschiedlichen Weltsichten unbewusst sind und uns verborgen bleiben wie alle Trancezustände. Aufgrund unserer Trance erscheinen uns unsere neurotischen/sündigen Handlungen völlig vernünftig. Viele Menschen brechen in Tränen aus oder werden sogar körperlich krank, wenn sie ihren Enneagramm-Typ finden.

Die Enneagramm-Typen sind in gewisser Weise mit Nationalitäten zu vergleichen. Alle Nationalitäten sind voneinander verschieden und besitzen je nach Situation gute und schlechte Züge mit den dazugehörigen Konsequenzen. Diese Analogie macht uns klar, dass unsere Enneagramm-Trance uns gewisse Charakterzüge verleiht. Die Nationalität ist eine sehr positive Analogie, weil unsere Enneagramm-Trance uns hören und sehen lässt, ohne dass wir verstehen. Unsere jeweilige »charakteristische Eigenart« ist unsere unterschiedlich verzerrte Wahrnehmung. Das Enneagramm kann gewissermaßen als ein System verstanden werden, dass neun verschiedene Formen der Ver-rücktheit oder der Sündhaftigkeit beschreibt.

Die Enneagramm-Typen werden oft von einer Eigenschaft aus definiert, EINSer zum Beispiel als »Perfektionisten«. Eine solche Beschreibung kann ein Ansatzpunkt sein, wenn man den »perfektionistischen« Drang der EINSer metaphorisch versteht. Dennoch ist das EINSer-Sein nicht einfach ein Charakterzug, nicht nur ein Verhalten. Es ist eine komplexe Energie, eine sich wiederholende Strategie im Umgang mit einer verengt wahrgenommenen Welt. Die Herausarbeitung dieser Energie ist so schwierig, dass auch Enneagramm-Experten manchmal Fehleinschätzungen unterlaufen, dass sie nicht miteinander übereinstimmen oder unterschiedliche Begriffe verwenden, um die einzelnen Typen zu beschreiben. Dieselbe Energie kann an einem Tag so und am anderen anders in Erscheinung treten.

Vor kurzem hat mir jemand, der sich intensiv mit dem Enneagramm beschäftigt, erklärt, SIEBENer seien geradezu zwanghaft pünktlich. Andererseits kenne ich einen Enneagramm-Lehrer, der für sich persönlich die Entscheidung getroffen hat, sich nie mehr mit SIEBENern zum Essen zu verabreden, weil sie notorisch unpünktlich sind. Der Drang der SIEBENer, Konflikten aus dem Weg zu gehen, kann entweder dazu führen, dass sie pünktlich sind, um negative Folgen zu vermeiden, oder aber dass sie Treffen mit jemandem, von dem sie irgendwelchen Schmerz fürchten, so lange wie möglich hinauszögern.

Deshalb kann man das Verhalten der einzelnen Typen in bestimmten Situationen nicht unbedingt voraussagen. Es handelt sich um eine Reaktionsstrategie auf eine innere Welt, die ein Außenstehender so nicht sehen kann, weil sie so nicht wirklich existiert! Es kann die Welt sein, die die Person als dreijähriges Kind wahrgenommen hat.

Die metaphorische Energie des Enneagramms entsteht aus dem Versuch heraus, eine verzerrte Weltsicht mit einer Strategie zu verbinden, mit deren Hilfe man in dieser Welt zurechtkommt. Je ungesunder eine Person ist, desto starrer und zwanghafter wird diese Strategie. Wenn eine VIER sich als Fünfjähriger schlecht und ungerecht behandelt fühlt und mit ihrem Gejammer Aufmerksamkeit findet, wird sie dieses Verhalten nicht ändern. Vielmehr wird sie das »Jammern« metaphorisch umsetzen: Vielleicht sieht sie sich als Außenseiterin, die irgendwie schlechter ist als alle anderen. Oder vielleicht bevorzugt sie, wenn sie betet, die Klagepsalmen. Wenn wir die Sünde der VIER einfach als »Neid« beschreiben, dann geht die Flexibilität, die Unvorhersehbarkeit, und die unendlich vielgestaltige Natur dieser Energie verloren. Viele populäre Bücher und vor allem Artikel, in denen das Enneagramm vorgestellt wird – brauchen für die Analyse eines jeden Enneagramm-Typs nur eine Seite (oder einen Absatz). Solche Kurzanalysen sind unbrauchbar und nur für Spielereien geeignet.

Das Enneagramm setzt voraus, dass jeder Mensch eine Haupteigenschaft oder eine Verdrehtheit aufweist, die seine Persönlichkeit ausmacht. Doch unser Enneagramm-Fehler besteht nicht in dem, was wir sind, sondern in dem, was wir *nicht* sind. Das weicht etwas vom gängigen Verständnis des Begriffs »Persönlichkeit« ab. Man kann die dem Enneagramm zu Grunde liegenden Zwänge auch verstehen, indem man sie als eine Trance auf der Ebene der Persönlichkeit definiert. Viele Menschen leben vielleicht in einer politischen Trance – »alle Liberalen sind ...« oder »alle Konservativen sind ...« – doch die Enneagramm-Trance ist viel tiefer angesiedelt.

Es ist kein Zufall, dass die traditionellen Todsünden der mittelalterlichen Scholastik mit sieben der neun Enneagramm-Typen übereinstimmen. Unser Enneagramm-Stil ist eine Sünde, denn »Sünde« ist zunächst einmal eine Wahrnehmung der Welt und nicht erst das Handeln, das sich daraus ergibt. Deshalb ist der Glaube so wichtig, denn für den gläubigen Menschen steht die Welt unter der gütigen und machtvollen Fürsorge Gottes. Das Enneagramm mit seiner Beschreibung unserer Sünden und seiner klaren Auffassung von der Beziehung zwischen Wahrnehmung und Handeln hilft uns zu verstehen, warum unsere Wahrnehmung auf alles, was wir tun, einen so großen Einfluss hat. *Nietzsche* hat festgestellt, dass alles erlaubt ist, wenn es keinen Gott gibt. Und in einer Welt ohne Bedeutung ist auch »falsches«, »krankes« oder »böses« Verhalten bedeutungslos. Der magere Begriff *Dysfunktion* sagt aus, dass unser Verhalten nicht so ist, wie es sein sollte – was immer das heißen mag. *Dysfunktion* ist die Art von Wort, die wir benutzen, wenn wir beim Nachdenken über die großen Begriffe wie Sinn, Zweck und Vergnügen ins Schleudern geraten.

Das Wort Sünde klingt heute überholt. Menschen, die Gott nicht ernstnehmen, neigen dazu, theologische Ausdrücke in unangemessenen Zusammenhängen zu benutzen. Sünde ist schon längst nicht mehr die harte Währung bei moralischen Transaktionen. Eiskrem und Süßigkeiten sind »sündhaft lecker«, andere Dinge sind »sündhaft gut«. Schon der altehrwürdige katholische Baltimore-Katechismus sagt, dass eine Sünde nur dann schwerwiegend sei, wenn der Sünder sie aus freien Stücken begehe und seine Geisteskräfte völlig unter Kontrolle habe und dass das Wort Sünde nur für ernste Dinge angemessen sei.

Doch auch diese Definition trivialisiert die Sünde in gewisser Weise, denn sie impliziert, dass Sünde etwas ist, das wir tun oder lassen können, ganz wie wir wollen. Sie sagt außerdem, dass wir nur dann sündigen, wenn wir die Situation völlig überblicken. Und sie setzt voraus, dass die Sünde in einem direkten Verhältnis zur freien Entscheidung steht. Es ist daher kein Wunder, dass die Katholiken sich schämten, die gleiche Sünde immer und immer wieder beichten zu müssen. Wenn die Sünde der Menschen bloß vom »freien Willen« abhängen würde, dann müssten sie einfach aufhören schlecht zu sein, und anfangen, gut zu sein. Doch ganz so einfach geht es nun eben nicht.

Paulus hatte ebenso wie das Enneagramm eine andere Vorstellung von Sünde. Beide bestehen darauf, dass Sünde eine Macht ist, die wir nicht brechen können, eine zerstörerische Kraft, über die wir nur wenig Kontrolle haben. Und sie richtet uns zugrunde: Der Lohn (und die Konsequenz) der Sünde ist der Tod. Paulus schreibt:

... ich aber bin Fleisch, das heißt: verkauft an die Sünde ... Ich tue nicht das, was ich will, sondern das, was ich hasse ... Ich weiß, dass in mir, das heißt in meinem Fleisch, nichts Gutes wohnt; das Wollen ist bei mir vorhanden, aber ich vermag das Gute nicht zu verwirklichen. Denn ich tue nicht das Gute, das ich will, sondern das Böse, das ich nicht will. Wenn ich aber das tue, was ich nicht will, dann bin nicht mehr ich es, der so handelt, sondern die in mir wohnende Sünde. (Römer 7,14–15; 18–20)

Menschen, die sich ernsthaft mit dem Enneagramm beschäftigen, sagen Ähnliches. Sünde ist eine zerstörerische Kraft, die in uns wohnt und uns tun lässt, was wir nicht tun wollen. Wenn eine ACHT durch das Leben geht und überall Feindseligkeit wittert, dann entspringt ihre Haltung keiner freien Entscheidung. Wenn eine EINS nur sieht, was in der Welt falsch läuft, dann ist diese Perspektive sehr schmerzhaft und sicher nicht frei gewählt. Wenn eine VIER sich nur auf die eigenen Fehler konzentrieren kann, dann schmerzt sie dieser Zustand.

Als Jesus sagte, dass er gekommen sei, um die Vergebung der Sünden zu verkündigen, übernahm er die Aufgabe, die Denk- und Verhaltensmuster aufzubrechen, die uns dazu bringen, uns so zu verhalten, wie es unserer verzerrten Weltsicht entspricht, und keine anderen Möglichkeiten zuzulassen. Deshalb findet sich im Neuen Testament das Wort *metanoia*, »Sinnesänderung«. Glaube ist keine Sammlung von Informationen, sondern eine Weltsicht, in der Gott gegenwärtig ist und ein Universum schafft, in dem wir für uns selbst sorgen können.

Vor diesem Hintergrund wirkt der Ansatz Jesu sehr viel tiefgründiger. Es würde vielleicht Sinn machen, dass Jesus sagte: »Deine Sünden sind vergeben«, wenn unsere Sünden einfach eine Folge böser Taten wären. Aber wie sollte Jesus eine Strategie vergeben, die in einer verzerrten Weltsicht wurzelt? Die Antwort lautet: Durch Gleichnisse.

Gleichnisse verkünden nicht nur die Vergebung der Sünden, sondern sie zerstören die sündhafte Perspektive. Gleichnisse sollten die Anhänger Jesu davon überzeugen, dass sie nicht reagieren müssen wie früher, weil die Welt jetzt anders ist, als sie es sich immer vorgestellt haben. Die Gleichnisse waren ein raffinierter Kunstgriff und sollten ihre starren, abwehrenden Denk- und Verhaltensmuster erschüttern, die so zerstörerisch waren.

Vielleicht kann ein anderes Gleichnis das verdeutlichen. Wir haben gehört, dass wir uns bessern sollen, dass wir aufhören sollen, böse zu sein. Wir sollen anfangen, gut zu sein, und unsere Fehler hinter uns lassen. Jesus aber sagt:

… Mit dem Himmelreich ist es wie mit einem Mann, der guten Samen auf seinen Acker säte. Während nun die Leute schliefen, kam sein Feind, säte Unkraut unter den Weizen und ging wieder weg. Als die Saat aufging und sich die Ähren bildeten, kam auch das Unkraut zum Vorschein. Da gingen die Knechte zu dem Gutsherrn und sagten: Herr, hast du nicht guten Samen auf deinen Acker gesät? Woher kommt dann das Unkraut? Er antwortete: Das hat ein Feind von mir getan. Da sagten die Knechte zu ihm: Sollen wir gehen und es ausreißen? Er entgegnete: Nein, sonst reißt ihr zusammen mit dem Unkraut auch den Weizen aus. Lasst beides wachsen bis zur Ernte. Wenn dann die Zeit der Ernte da ist, werde ich den Arbeitern sagen: Sammelt zuerst das Unkraut und bindet es in Bündel, um es zu verbrennen; den Weizen aber bringt in meine Scheune. (Matthäus 13,24–30)

Dies ist ein Gleichnis, kein landwirtschaftlicher Rat. In Bezug auf das Verhalten im Reich Gottes ist es nicht maßgeblich, ob wir unsere Fehler, insbesondere auch unsere Enneagramm-Fehler, hinter uns lassen. ZWEIER werden immer stolz und FÜNFer immer habsüchtig sein. Wenn eine ZWEI ihr Helfer-Syndrom ablegt, wird sie damit auch einige wichtige Quellen der Großzügigkeit versiegen lassen. Wenn eine FÜNF aufhört, unvoreingenommen zu beobachten, wird sie vielleicht keine so hervorragende SchriftstellerIn oder WissenschaftlerIn mehr sein, wie es FÜNFer oft sind. Wem nicht unmittelbar klar ist, warum unsere Begabungen auch unser Fluch sind, dem macht das Enneagramm dieses Prinzip mehr als deutlich.

Auf den ersten Blick wirkt die Erzählung Jesu unmoralisch, weil sie den Menschen erlaubt, weiterhin zu sündigen, statt sie zu zwingen, das Unkraut aus ihren Gärten zu entfernen. Jeder, der einmal eine Therapie gemacht oder ernsthaft über die moralische Dimension der Religion nachgedacht hat, weiß, wie dringlich und oft die Menschen ermahnt werden, nichts Böses mehr zu tun. Der Preis für moralische Besserung ist die ständige Ausrottung von Fehlern und die damit einhergehende Kultivierung von Tugenden. Jeder außer Jesus scheint das zu wissen. Menschen verdienen ihren Lebensunterhalt als Kritiker, Therapeuten, Lehrer und Schriftsteller – um den Menschen zu helfen, Unkraut zu jäten.

Wie effektiv sind diese Mahnungen und moralischen Zwänge? Wie reagieren wir, wenn jemand uns eine Moralpredigt hält? Wie wirkungsvoll ist Nörgelei? Wenn ein Elternteil, ein Lehrer oder eine Vorgesetzte anfängt mit: »Ich habe dir schon hundertmal gesagt ...«? Ist es nicht ganz offensichtlich, dass ein Befehl, der hundertmal gegeben wurde, einfach nicht wirkt?

Also hält sich Jesus mit Moralpredigten und guten Tipps zurück. Stattdessen erklärt er uns, dass es viel wichtiger ist, dass wir uns selbst annehmen, als dass wir uns ändern. Natürlich heben sofort alle modernen Therapeuten den Finger und erklären, dass Selbstakzeptanz jeder durchgreifenden Änderung vorausgehen muss. Vielleicht wusste Jesus das. Aber wichtiger ist: Wenn wir wissen, dass Gott uns annimmt, fällt es uns viel leichter, uns selbst anzunehmen. Sprechen Sie einmal mit einer geschiedenen Katholikin, die die Eucharistie mitfeiern will und die zu hören bekommt, dass sie nicht würdig ist. Fragen Sie sie, wie es ihr Selbstwertgefühl beeinflusst, dass sie im Namen Gottes von der katholischen Kirche abgelehnt wird.

Gleichnisse sind keine Ratgeberliteratur. Ein Gleichnis besetzt die Vorstellungskraft. Es sinkt tief in die Seele. Das Phänomen, dass die Gleichnisse unsere Vorstellungskraft besetzen, begegnet uns oft. Jemand hilft Ihnen, und wenn Sie ihm danken wollen, sagt er: »Ach, ich wollte nur mal den barmherzigen Samariter spielen.« Oder ein missratener Sohn wird als »verlorener Sohn« bezeichnet. Auch weltliche Aphorismen und Sprichworte wirken ähnlich und beeinflussen so unsere Entscheidungen.

Wir gewähren den Gleichnissen Zutritt zu unserem Leben, und in mancher Hinsicht leben wir von ihrer Weisheit. Wir machen uns ihre moralischen Prinzipien zueigen – und dabei befreien wir uns von unseren Zwängen.

Kein einzelnes Gleichnis kann wie mit Zauberhand all die neurotischen Fesseln lösen, in die wir uns verstrickt haben. Jesus erklärt uns anhand eines Gleichnisses, dass das nicht möglich ist. Er sagt, das Reich Gottes ist wie ein Senfkorn (Lukas 13,19). Es ist zunächst ganz klein und wächst dann zu einem veritablen Baum heran. Die Juden, die dieses Gleichnis hörten, erwarteten von Jahwe einen politischen und wirtschaftlichen Siegeszug, wie ihn der Herr vor Zeiten gegen die Feinde Davids und seiner Nachfolger geführt hatte. Die Metapher des Senfkorns widersprach all diesen Erwartungen. Die Juden wollten eine politische Intervention, und das Gleichnis machte ihnen klar, dass die göttliche Intervention die Seele und die Moral betreffen werde, dass sie eine Erfahrung dynamischer innerer Gnade sein werde. Das Senfkorn ist eine Metapher für Geduld. Jesus sagt: »Verändert euer Leben in kleinen Schritten«, und die Form, in der er es sagt, lässt unserer Vorstellungskraft freien Raum. Um seine Aussage zu verdeutlichen, benutzt er noch ein zweites Gleichnis:

… Womit soll ich das Reich Gottes vergleichen? Es ist wie der

Sauerteig, den eine Frau unter einen großen Trog Mehl mischte, bis das Ganze durchsäuert war. (Lukas 13,20–21)

Auch der wahrhaft gläubigste Christ hat durchaus das Recht, den radikalen Bekehrungen, die in bestimmten amerikanischen Fernsehsendungen gezeigt werden, zu misstrauen. Die Verwandlung eines zwanghaft betrügerischen und habsüchtigen Trottels in ein erleuchtetes, mitfühlendes, sich selbst verwirklichendes menschliches Wesen in der knappen Zeit einer einzigen Fernsehshow ist eine Verletzung der Schöpfungsgesetze. Der Urheber der Schöpfung wird ganz sicher ewig geltende Rechte nicht kurzfristig außer Kraft setzen, nur damit wir uns ein paar Minuten amüsieren. Meist werden die Enneagramm-Zwänge einfach umgeleitet – wie Ihnen jeder Priester oder Therapeut bestätigen kann. Der »bekehrte« Mensch ist nicht mehr von Drogen, Essen oder Sex abhängig, sondern von einer sehr begrenzten Palette religiöser Worte und Verhaltensweisen.

Wenn Sie also einige Schritte hin zum Licht machen wollen, behalten Sie – unabhängig von Ihrem Enneagramm-Stil und dem Grad Ihrer Gesundheit – einfach in Erinnerung, dass Ihre Entwicklung einem Senfkorn gleicht. So funktioniert das Reich Gottes.

Einser –
Rechtschaffenheit trägt ihren Lohn in sich

Jeder Enneagramm-Stil ist ein Versuch, mit unserer falschen Weltsicht zurechtzukommen. Außerdem gehört zu jedem Enneagramm-Stil eine negative Strategie, um Anerkennung von Gott, so wie wir ihn uns vorstellen, zu gewinnen. In der weltlichen Gesellschaft, in der wir leben, tritt unser Bedürfnis und unser Wunsch, Gott zu gefallen, in den Hintergrund. Wir vergegenwärtigen uns die primitive Furcht vor Gott, die in uns allen steckt, normalerweise nicht. Dennoch verspüren wir ein kosmisches Unbehagen. Wir alle fühlen diese vage Unzufriedenheit mit uns selbst, wir sind wütend auf unsere Regierung, weil die Welt nicht so funktioniert, wie sie sollte, und wir versuchen alles Mögliche, um unser Selbstvertrauen und das unserer Kinder zu stärken. Doch unsere Furcht, dass wir vielleicht irgendetwas ganz falsch machen, können wir nicht ablegen. Wir wissen nicht, ob und wie wir versuchen sollten, Gott gnädig zu stimmen.

Die Einser haben sich auf das alles eine Antwort zurechtgelegt. Einser verhalten sich moralisch korrekt – so passen sie am Besten in die Welt und kommen am Besten mit ihr klar. Wenn Einser religiös sind, richten sie sich bei ihrem moralisch korrekten Verhalten an den Lehren der Religion aus. Wenn nicht, kümmern sie sich um moralisch korrekte Politik, Musik oder Verhaltensweisen. Was auch immer sie tun, sie verhalten sich richtig.

Das Alte Testament ist gewissermaßen eine Chronik unserer Versuche, göttliche Anerkennung zu gewinnen, indem wir uns in allem richtig verhalten – aber auch eine Chronik von Gottes Zurückweisung dieser Versuche. Gott will unsere Aufmerksamkeit immer wieder zurücklenken: Wir sollen nicht dem Himmel gefallen, sondern füreinander sorgen. Dennoch legen immer noch viele Menschen mehr Wert darauf, sich bei Gott einzuschmeicheln.

Am Anfang war der Versuch, Gott zu gefallen, mit dem Menschenopfer verbunden. Als die Genesis geschrieben wurde, war diese Form des Opfers so üblich, dass die wirkliche Leistung Abrahams offenbar nicht darin bestand, dass er bereit war, seinen Sohn zu opfern – das schien seinen Zeitgenossen so vernünftig wie uns heute die Bereitschaft, unsere jungen Männer in einem Krieg zu opfern –, sondern dass er die Charakterstärke besaß, Isaak *nicht* zu opfern. Er brach völlig mit der Tradition, denn seine Kultur kannte nur diesen Weg, um als Mensch Frieden mit Gott zu erlangen.

Das israelitische Gesetz war in vieler Hinsicht positiv, aber ein Grund dafür, dass die Juden es von Herzen liebten, bestand darin, dass sie glaubten, sie würden Gott gefallen, wenn sie nur dem Gesetz folgten. Das Gesetz war das höchste Geschenk Jahwes, das Zeichen des Bundes zwischen dem Herrn und seinem Volk. Das Gesetz war der Wille Gottes, und wer ihm folgte, wusste sicher, dass er auf dem richtigen Weg war. Ein Paradies für Einser.

Einser achten das Gesetz hoch: Das jüdische Gesetz, das Naturgesetz, die städtischen Vorschriften, die Verkehrsregeln, alle Gesetze. Gesetze helfen den Einsern, ihre Überzeugung auszuleben, dass die Welt eine Bühne für moralisches Heldentum sei. Leben ist ein moralischer Kampf oder es ist sinnlos.

Wenn sie geheilt sind, macht ihr Gefühl für moralisches Handeln aus den Einsern faire, ausgewogene und verantwortungsbewusste Menschen. Sie sind großartige Richter, Polizisten und Bürgermeister. Sie leben einen bewundernswerten moralischen Mut vor und kämpfen für das Richtige, einfach weil es richtig ist, ohne Eigennutz oder äußeren Druck. Papst Johannes Paul II. ist meines Erachtens ein Einser; und egal, wie man zu ihm stehen mag, man muss zugeben, dass er sagt, was er für richtig hält, ohne darauf zu achten, was andere darüber denken könnten. Einser lassen sich nicht von der öffentlichen Meinung beeinflussen.

Geheilte Einser besitzen darüber hinaus Sinn für Humor und Selbstironie. Sie entwickeln tiefes Mitgefühl für die Benachteiligten und setzen sich oft für sie ein.

Einser können ungewöhnlich hart arbeiten und brauchen wenig oder gar keine Überwachung. Wenn sie reif sind, haben sie ein natürliches moralisches Gefühl dafür, was richtig und angemessen ist.

Ihr Urteilsvermögen ist überdurchschnittlich entwickelt. Manchmal werden sie Musik- oder Literaturkritiker – auch wenn sie selbst nicht kreativ sind, wissen sie, was gut ist.

Die Pharisäer im Neuen Testament zeigen starke Einser-Energien. Sobald Jesus das Gesetz übertritt, regieren sie wütend und suhlen sich quasi in ihrer überzogenen moralischen Empörung. Die beiden folgenden Gleichnisse sind an EINSER gerichtet:

> Als er an einem Sabbat durch die Kornfelder ging, rissen seine Jünger Ähren ab, zerrieben sie mit den Händen und aßen sie. Da sagten einige Pharisäer: Was tut ihr da? Das ist doch am Sabbat verboten! Jesus erwiderte ihnen: Habt ihr nicht gelesen, was David getan hat, als er und seine Begleiter hungrig waren – wie er in das Haus Gottes ging und die heiligen Brote nahm, die nur die Priester essen dürfen, und wie er sie aß und auch seinen Begleitern davon gab? Und Jesus fügte hinzu: Der Menschensohn ist Herr über den Sabbat. (Lukas 6,1–5)

Nur die gesündesten EINSER sind in der Lage, ein Gesetz im Licht eines höheren Gesetzes zu brechen. Jesus brach das Gesetz wissentlich. Er hätte auch anderswo etwas zu essen bekommen, er brauchte nicht gerade dieses Korn zu essen. Obwohl er zu seiner Rechtfertigung einen Präzedenzfall heranzog, wollte er vor allem zeigen: Das menschliche Bedürfnis ist wichtiger als das rituelle Gesetz. Wenn EINSER ihre moralische Energie auf die Bedürfnisse der Menschen konzentrieren und sich von abstrakten Rechtsvorstellungen oder gesellschaftlich definierten Umgangsformen lösen können, dann machen sie wirklich spirituelle Fortschritte. Jesus brach das Sabbatgesetz nicht nur einmal, sondern kurz darauf noch ein zweites Mal:

> An einem anderen Sabbat ging er in die Synagoge und lehrte. Dort saß ein Mann, dessen rechte Hand verdorrt war. Die Schriftgelehrten und die Pharisäer gaben Acht, ob er am Sabbat heilen werde; sie suchten nämlich einen Grund zur Anklage gegen ihn. Er aber wusste, was sie im Sinn hatten, und sagte zu dem Mann mit der verdorrten Hand: Steh auf und stell dich in die Mitte! Der Mann stand auf und trat vor. Dann sagte Jesus zu ihnen: Ich frage euch: Was ist am Sabbat erlaubt: Gutes zu tun oder Böses, ein Leben zu retten oder es zugrunde gehen zu lassen? Und er sah sie alle der Reihe nach an und sagte dann zu dem Mann: Streck deine Hand aus! Er tat es, und seine Hand war wieder gesund. Da wurden sie von sinnloser Wut erfüllt und berieten, was sie gegen Jesus unternehmen könnten. (Lukas 6,6–11)

Interessant ist, dass Jesus die Pharisäer fragt: »Ist es erlaubt, Gutes zu tun?« Er zielt auf ihre starke Seite, den moralischen Scharfsinn, und benutzt ihn gegen sie. Er kannte ihre Leidenschaft für Moral und wusste, dass sie wissen würden, dass er Recht hatte. Indem er sie zwischen dem Guten und dem Gesetz wählen ließ, spielte er ihre beiden absoluten Werte gegeneinander aus und brachte ihre EINSER-Energie in eine Zwickmühle. Diese beiden Geschichten sind gute Beispiele für eine überstarke Energie, die sich nur auf eine Sache konzentriert. Der moralische Einsatz der Pharisäer galt nicht mehr dem, was man im Herzen als richtig empfindet, sondern nur noch dem, was gesetzlich ist, was nach den Buchstaben des Gesetzes als richtig gilt.

Doch die moralische Energie bleibt ihnen, und sie setzen sie gegen ihn ein, wie EINSER es in solchen Situationen immer tun würden. In eine solche Trance versetzte EINSER wollen strafen. In diesem Fall sind sie sogar richtig wütend. Und genau an diesem Punkt gibt Jesus sie offensichtlich auf. Der nächste Vers lautet:

> In diesen Tagen ging er auf einen Berg, um zu beten. Und er verbrachte die ganze Nacht im Gebet zu Gott. Als es Tag wurde, rief er seine Jünger zu sich und wählte aus ihnen zwölf aus; sie nannte er auch Apostel. (Lukas 6,12–13)

Die auf dem EINSER-Typ basierende Tradition der Pharisäer hatte sich selbst zugrunde gerichtet, und Jesus machte einen neuen Anfang mit den zwölf Aposteln, die die zwölf Stämme Israels versinnbildlichen sollten.

Als Paulus den Anhängern Jesu verkündete, das israelitische Gesetz sei nicht mehr bindend, versetzte er sie damit in Angst und Schrecken. Wenn sie nicht mehr dem Gesetz folgten, wie konnten sie dann sicher sein, dass sie gottgefällig handelten? Wie konnten sie wissen, ob sie gute Menschen waren? Paulus blieb hart:

> Ihr unvernünftigen Galater! ... Dies eine möchte ich von euch erfahren: Habt ihr den Geist durch die Werke des Gesetzes oder durch die Botschaft des Glaubens empfangen? Seid ihr so unvernünftig? Am Anfang habt ihr auf den Geist vertraut, und jetzt erwartet ihr vom Fleisch die Vollendung. (Galater 3,1–3)

In den Briefen an die Galater und die Römer geht es immer

wieder um die Notwendigkeit eines sittlich guten Verhaltens und die Gnade der Erlösung, die keine Gegenleistung fordert. Zunächst hat Gott gesagt, wir bräuchten keine Menschen zu opfern; dann mussten wir überhaupt nicht mehr opfern; und schließlich enthüllt er uns, dass er uns liebt, egal was wir tun. Jeder EINser erkennt, dass Gott weich wird. Es ist nicht Ziel meiner Arbeit, den Römer- und den Galaterbrief zu analysieren, doch für einen EINser wäre es ein spirituelles Abenteuer, diese beiden Texte in Hinblick auf die Recht schaffende Energie gesetzestreuer EINser zu lesen.

Paulus war ein EINser, und seine Briefe an die Galater und die Römer sind eine detaillierte Untersuchung eines wichtigen Problems, das sich für alle Enneagramm-Typen, besonders jedoch für die EINser, immer wieder stellt. Unreife EINser, als Einzelne oder als Kollektiv, benutzen Moral als Knüppel. Sie werden zu Tugendwächtern, die jeden Fehler sofort aufspüren und beseitigen. EINser sind oft sehr hart zu sich selbst, denn was sie anderen auferlegen, verlangen sie auch von sich. Sie hören eine strenge, zänkische innere Stimme, die sie ständig anklagt, weil sie immer noch nicht ganz vollkommen sind. Sie können sich anstrengen, bis sie daran zerbrechen.

Ihre Sünde ist der Zorn. Er flammt nicht auf und wird laut gegen andere, er ist vielmehr die kalte, kontrollierte Missbilligung all dessen, was andere – und auch die EINser selbst – tun und was sie sind. Außerdem haben sie ein besonderes Problem: Sie leugnen den Zorn, weil er eine »Sünde« ist (und sie nichts Schlechtes tun). Deshalb sind sie einerseits voller Zorn, während sie ihn andererseits verleugnen.

Wonach EINser sich sehnen

Einser wollen wirklich Frieden. Allerdings nicht um jeden Preis; sie wollen das, was im Alten Testament als *Schalom* bezeichnet wird – ein erfülltes, dynamisches Leben im Einklang mit Gott und dem Universum. Einige Enneagramm-Lehrer erklären, dass EINser Gemütsruhe wollen, doch diese Gemütsruhe muss man als die Gelassenheit einer glücklichen, aktiven, lebenssprühenden Familie verstehen, nicht als die Ruhe eines Bassins, dessen Wasserspiegel bewegungslos ist. EINser versuchen dieses dynamische Gleichgewicht durch moralische Anstrengungen zu erreichen. Sie haben immer eine Vorstellung davon, wie etwas aussehen sollte, und setzen wahrhaft herkuleische Kräfte dafür ein, insbesondere Standhaftigkeit, die

Art von Energie, die nötig ist, um integer zu bleiben, auch wenn sich attraktive Alternativen anbieten.

Wonach sie streben

Einser streben nach Ordnung. Wenn sie in Trance sind, lassen sie ihre Welt schrumpfen, bis sie klein genug ist, um sie zu ordnen. Sie sind besessen davon, alles kontrollieren zu müssen, sogar die eigenen Gefühle und die Wünsche anderer Menschen. EINSer sind von ihrem Zorn abhängig, insbesonderem dem »heiligen« Zorn im Dienste der sittlichen Ordnung. Gesunde EINSer akzeptieren die (in ihren Augen unvollkommene) Realität mehr und mehr. Wenn sie dagegen in Trance versinken, konzentrieren sie sich auf immer kleinere Problemchen. Die pharisäische Tradition zeigt diesen Vorgang im Großen. Die Pharisäer schufen eine »Hecke«: Um den Gehorsam gegenüber den Zehn Geboten sicherzustellen, entwickelten sie verschiedene kleine, strengere Gesetze um sie herum, die die Menschen davor schützen sollten, versehentlich die großen Zehn zu brechen. Dann wurden jene kleineren Gesetze absolut gesetzt, und die Pharisäer schufen noch genauere Regeln, um die schützenden Gesetze zu schützen. Dieser »Heckenbau« setzte sich über Jahrhunderte hin fort, bis man zur Zeit Jesu merkte, dass kein Mensch all diese Gesetze einhalten konnte.

Wenn man in einer moralischen Trance lebt, kann es natürlich sein, dass man sich von Gott nicht geliebt fühlt. EINSer sind davon überzeugt, dass es schwer ist, ein guter (und gottgefälliger) Mensch zu sein. Scott Pecks ethischer Klassiker *Der wunderbare Weg* beginnt ganz dramatisch mit dem Credo einer EINS: »Das Leben ist schwierig.«

EINSer vergleichen aus Gewohnheit das, was ist, mit dem, was sein sollte. Es ist verständlich, dass sie das jüdische Gesetz lieben, denn durch das Gesetz sind sie nicht nur sicher, dass das, was sie tun, richtig ist, sondern außerdem in der Lage, ihr Verhalten mit dem anderer Menschen zu vergleichen und festzustellen, was diese Menschen richtig oder peinlicherweise falsch machen. Wenn sie in Trance sind, lieben EINSER objektive, von außen gesetzte Standards. Und was hat mehr Gültigkeit als das göttliche Gesetz?

Gültigkeit entsteht nicht zufällig. EINSer stehen allem und jedem kritisch gegenüber, doch das echte Problem eines jeden EINSers ist, dass er sich selbst überaus kritisch sieht. Es ist, als ob ihnen ständig ein kleiner Teufel über die Schulter schauen würde.

Einser verletzen sich selbst mit ihrer übertriebenen Selbstkritik. Und deshalb ist es für sie erholsam, wenn sie sich an einem objektiven, nicht hinterfragbaren, klaren autoritären Gesetz festhalten können. Dann wissen sie, dass sie richtig handeln. Es ist eine Erleichterung, dem kleinen Teufel auf der Schulter erklären zu können, dass man sich genau an das Gesetz gehalten hat – etwa so, als gäbe einem der strengste Lehrer zähneknirschend eine gute Note für eine Arbeit.

Wenn also Jesus daherkommt und erklärt, dass wir das Gesetz aus dem *Glauben* heraus erfüllen, geraten die Einser in Verwirrung: »Wie soll ich das feststellen? Wer kann mir sagen, ob ich den Glauben habe oder nicht?« Paulus' Briefe an die Galater und die Römer wirken so kraftvoll und durchdacht, weil Paulus in ihnen auch für sich persönlich diese Frage beantwortet. Und nicht zufällig war auch *Martin Luther*, ein typischer Einser, wie Paulus, besessen von der Sorge, vor Gott gerechtfertigt zu sein.

Allerdings sollten wir nicht versuchen, die ganze paulinische Theologie oder Luthers Werke über die Gnade dadurch zu erklären, dass wir ihre Autoren bestimmten Enneagramm-Typen zuordnen. Ihr Enneagramm-Typ sensibilisierte sie nur besonders für bestimmte Fragen der göttlichen Offenbarung. Einser interessieren sich besonders für die heikle Beziehung zwischen moralisch richtigem Handeln und bedingungslos geschenkter Gnade.

Einser sind auch überzeugt davon, dass die ganze Welt und jeder von uns Mängel hat, die korrigierbar sind und korrigiert werden müssen. Sie geraten in Rage darüber, dass die Wirklichkeit nicht so ist, wie sie sein sollte, und ärgern sich über die generelle moralische Unzulänglichkeit. So bekommen sie ein Auge für alles, was falsch ist. Dann setzen sie ihren Zorn ein, um die Dinge besser zu machen, damit die Wirklichkeit liebenswerter ist, liebenswerter für sie und – vor allem – für Gott. Ihre Kritik dient ihnen »zu ihrem eigenen Besten«. Es ist ein Akt der Liebe, der sie vor sich selbst schützt. Wenn wir jemanden lieben, lassen wir nicht zu, dass er Fehler begeht.

Unter solchen Voraussetzungen kann man sich vorstellen, wie wichtig es für einen Einser ist, dieses Gleichnis zu hören:

> Was meint ihr? Wenn jemand hundert Schafe hat und eines von ihnen sich verirrt, lässt er dann nicht die neunundneunzig auf den Bergen zurück und sucht das verirrte? Und wenn er es

findet – amen, ich sage euch: er freut sich über dieses eine mehr als über die neunundneunzig, die sich nicht verirrt haben. So will auch euer himmlischer Vater nicht, dass einer von diesen Kleinen verlorengeht. (Matthäus 18,12–14)

Da erzählte er ihnen ein Gleichnis und sagte: Wenn einer von euch hundert Schafe hat und EINS davon verliert, lässt er dann nicht die neunundneunzig in der Steppe zurück und geht dem verlorenen nach, bis er es findet? Und wenn er es gefunden hat, nimmt er es voll Freude auf die Schultern, und wenn er nach Hause kommt, ruft er seine Freunde und Nachbarn zusammen und sagt zu ihnen: Freut euch mit mir; ich habe mein Schaf wiedergefunden, das verloren war. Ich sage euch: Ebenso wird auch im Himmel mehr Freude herrschen über einen einzigen Sünder, der umkehrt, als über neunundneunzig Gerechte, die es nicht nötig haben umzukehren. (Lukas 15,3–7)

Der erste Impuls eines EINSers, der versucht, dieses Gleichnis zu verstehen, ist, daraus einen neuen moralischen Befehl abzuleiten. Er sagt: »Aha, Reue ist ein größerer spiritueller Wert als das Vertrauen auf ein moralisches Verhalten.« Bei Matthäus spricht Jesus überhaupt nicht von Reue, wohl aber bei Lukas. Das Thema ist höchstwahrscheinlich ein Zusatz von Lukas und bereits eine Interpretation des ursprünglichen Gleichnisses. Das Thema ist wichtig, aber es bringt sofort einen moralisierenden Ton in diese Fassung.

Die einfache Botschaft dieses Gleichnisses ist, dass die Unterscheidung zwischen guten und schlechten Menschen verschwindet, wenn wir das Reich Gottes richtig verstehen. Gott liebt auch die bösen Menschen. EINSer können das emotional nicht würdigen. Interessant ist jedoch, dass Lukas dieses Gleichnis als Antwort auf den Vorwurf der Pharisäer einsetzt, Jesus esse mit Sündern:

Die Pharisäer und die Schriftgelehrten empörten sich darüber und sagten: Er gibt sich mit Sündern ab und isst sogar mit ihnen. (Lukas 15,2)

Der Vorwurf der Pharisäer interpretiert das Gleichnis für uns, er zeigt uns, auf welche Frage es antwortet. Jesus kam, um mit Sündern Freundschaft zu schließen, mit ihnen zusammenzusein und ihnen das Reich Gottes anzubieten. EINSer müssen einsehen, dass das jüdische Gesetz tatsächlich *Sünder* produziert, wie Paulus sie versteht, weil es das Volk spaltet in diejenigen, die dem Gesetz gehorchen, und diejenigen, die ihm nicht gehorchen. Wenn Jesus sich die Vergebung der Sünden auf die Fahnen schreibt, löst er damit die Grenzen zwischen den Guten und den Bösen auf. Die Pharisäer vergaßen und vergaben das niemals, ebenso wenig wie der EINSER, wenn er in Trance ist.

Jede Bemühung des EINSers, die Wirklichkeit seinen Standards anzupassen, ist überflüssig und oft auch kontraproduktiv. Gott liebt die Wirklichkeit, uns eingeschlossen, so wie sie ist und so wie wir sind. Und Gott liebt den EINSER, bevor er sich darum bemüht.

Diese Aussage steht dem, was von den meisten Kanzeln gepredigt wird, diametral entgegen. Die Menschen in den Kirchenbänken hören oft, dass die Guten in den Himmel und die Bösen in die Hölle kommen, und den meisten von uns ist ziemlich klar, wer die Guten und wer die Bösen sind – das ist die implizite und manchmal auch explizite Botschaft vieler Predigten. Sie dient zweifellos der Sozialkontrolle in der Politik, im Rechtssystem und der Geschäftswelt. Doch die Botschaft Jesu widerspricht jener gängigen Vision, zu der der in Trance lebende EINSER vorbehaltlos ja sagt.

Dieses Gleichnis ist kein guter Ratschlag, es ist im Grunde gar kein Ratschlag – keine Anweisung, wie man Hirte wird. Seine einzige Bedeutung liegt darin, dass Gott uns unermüdlich Liebe anbietet, obwohl wir uns vielleicht noch einsam und verloren fühlen. EINSER setzen all ihre Energie und ihren Zorn ein, um das zu finden, was sie doch eigentlich schon haben – Liebe und Einklang mit Gott.

Das Gleichnis geht über die üblichen Ratschläge hinaus und lässt eine fruchtbare Spannung in uns entstehen. Die Schöpferkraft des Universums, unser Vater, begibt sich auf eine intensive Suche nach uns. Diese Suche ist nicht abhängig von unseren armseligen moralischen Bemühungen. Der Gute Hirte sucht uns unablässig; er bietet uns ständig seine Liebe an, sogar wenn – oder vielleicht gerade wenn – wir verloren sind. Jesus weist mit dem Gleichnis unsere willkürliche Teilung der Menschheit in Sünder und Nichtsünder, in solche, die Gott liebt, und solche, die er nicht liebt, zurück. In der beschriebenen Situation geht es um mehr als moralische Kategorien, was auch zu Jesu Mahnung passt, nicht selbst zu richten.

Das Gesetz schafft Wissende und Außenseiter, Gute und Böse, Heiliges und Weltliches, Koscheres und Unreines, Juden und Heiden. Wir aber wissen, wie stark genetische Zufälle, Umwelteinflüsse und ganz einfach Glück unsere Position im Leben bestimmen. Ein Mensch raubt eine Bank aus und wird gefasst, der Kreislauf aus Gefängnis, Hafturlaub, vergeblicher Arbeitssuche, Verbrechen, Gefängnis usw. beginnt. Ein anderer raubt eine Bank aus, wird nicht gefasst, entscheidet sich gegen eine kriminelle Karriere (jetzt, wo er genug Geld hat) und wird eine Stütze der Gesellschaft. Wir alle kennen ein paar Wendungen in unserem Lebenspfad, die uns den Atem stocken lassen, wenn wir daran denken. Der angeblich objektive Standard ist gar nicht so objektiv. Die üblichen Regeln greifen nicht, wenn man hungrig, verängstigt, missbraucht oder sonst irgendwie »verloren« ist.

Jesus predigte die Vergebung der Sünden – eine Vergebung ohne irgendwelche Gegenleistungen. Er wollte uns zeigen, dass unser Gott Menschenopfer nicht würdigt, dass man zu seiner Verehrung keine weitläufigen gesetzlichen Regelungen braucht, dass er nicht zwischen reinen und unreinen Tieren oder zwischen reinen und unreinen Menschen unterscheidet. Letztendlich sind die Gemeinschaft aller Menschen, die Vaterschaft Gottes und die Vergebung der Sünden ein und dasselbe – gesehen aus verschiedenen Blickwinkeln.

Für die EINSER, die moralisches Heldentum als ihre Garantie für den Frieden auf Erden und ihre Anerkennung durch Gott betrachten, ist die Auseinandersetzung mit dieser Lehre und diesem Gleichnis, das natürlich gerade an sie gerichtet ist, oft sehr schwer.

Die EINSER strengen sich auf der moralischen Ebene zu sehr an. Wenn Menschen sich zu sehr anstrengen, haben wir zunächst Mitleid mit ihnen, das sich später jedoch oft in Frustration und sogar Zorn verwandelt. Bei den EINSERN läuft innerhalb ihrer Strategie dasselbe ab. Sie geben sich alle Mühe, gut zu zu sein, sehen aber dennoch vor allem ihre Mängel, weil sie sich selbst an immer höheren Standards messen, und schließlich werden sie wütend auf sich selbst. Sie haben Schwierigkeiten, anzuerkennen, dass auch sie verloren sind und der Gute Hirte auch nach ihnen sucht. Dabei kann ihnen die Bibel mit ihrer Autorität helfen, denn sie liefert einen objektiven Maßstab und befriedigt so ihr Bedürfnis nach solchen Standards.

Das Beispiel Jesu ist hilfreich. Er konnte und wollte den Ansprüchen der Pharisäer nicht genügen. Sie kritisierten alles, was er tat – das Kornessen am Sabbat, die Heilungen, seine Schriftauslegung, das Essen mit Sündern, seinen Umgang mit übel beleumdeten Frauen – eine Liste, lang genug, um dem EINSER eine Pause zu gönnen, damit er darüber nachdenken kann.

EINser versuchen etwas Unmögliches. Erst wenn sie ihre Bemühungen, sich bei Gott einzuschmeicheln, aufgeben, machen sie Fortschritte in ihrer emotionalen und spirituellen Entwicklung. Das folgende Gleichnis kann ihnen dabei helfen:

> Einigen, die von ihrer eigenen Gerechtigkeit überzeugt waren und die andere verachteten, erzählte Jesus dieses Beispiel: Zwei Männer gingen zum Tempel hinauf, um zu beten; der eine war ein Pharisäer, der andere ein Zöllner. Der Pharisäer stellte sich hin und sprach leise dieses Gebet: Gott, ich danke dir, dass ich nicht wie die anderen Menschen bin, die Räuber, Betrüger, Ehebrecher oder auch wie dieser Zöllner dort. Ich faste zweimal in der Woche und gebe dem Tempel den zehnten Teil meines ganzen Einkommens. Der Zöllner aber blieb ganz hinten stehen und wagte nicht einmal, seine Augen zum Himmel zu erheben, sondern schlug sich an die Brust und betete: Gott, sei mir Sünder gnädig! Ich sage euch: Dieser kehrte als Gerechter nach Hause zurück, der andere nicht. Denn wer sich selbst erhöht, wird erniedrigt, wer sich aber selbst erniedrigt, wird erhöht werden. (Lukas 18, 9–14)

Die Energie der EINS wird hier auf verschiedene Weise offengelegt. In einigen Traditionen gilt die EINS als der »vergleichende Verstand«. Sie hat den Tick, die Wirklichkeit ständig an dem, wie es sein sollte, zu messen; doch bald verfällt sie auch darauf, sich mit anderen und ihr Verhalten mit den Anforderungen des objektiven Gesetzes zu vergleichen. Der Pharisäer tappt direkt in diese Falle, er misst sich mit dem Gesetz und dem Zöllner (der nach der Definition des israelitischen Gesetzes im Palästina dieser Zeit als Sünder galt). Sobald man von der Voraussetzung ausgeht, dass der andere ein Sünder ist, kann man ziemlich sicher sein, dass man selbst gut dasteht.

Von religiösen Menschen erwartet man, dass sie moralisch gut handeln. Jesus mahnte seine Jünger, dass ihre Gerechtigkeit größer sein müsse als die der Pharisäer. Er ist also nicht gegen gutes Verhalten. Warum aber spricht er anerkennend über einen stadtbekannten Sünder? Was hatte der getan?

Er hatte die Wirklichkeit akzeptiert und seine Fehler zugegeben. Vielleicht ist es das größte Verdienst des Enneagramms, dass es uns hilft, unsere Hauptfehler zuzugeben – eine beachtliche Leistung. Die Enneagramm-Trance ist unsere Anpassung an eine Welt, in der wir uns auf ein paar innere Realitäten (im Falle der EINS auf einen starken moralischen Impetus) konzentrieren und diesen beschränkten Gesichtskreis dann mit der ganzen Welt gleichsetzen. Gott, geistige Klarheit und wahre Spiritualität – all das erfordert, dass man sich der ganzen Wirklichkeit stellt.

Durch seine symbolische Sprache bringt Jesus seine Zuhörer dazu, die Wirklichkeit anzuerkennen. Therapeuten, Seelsorger und manche Lehrer versuchen dasselbe, denn es ist ein guter Ausgangspunkt für die weitere Entwicklung. Jesus verwendet Gleichnisse und Paradoxa, die unsere persönlichen und kulturellen Erwartungen über den Haufen werfen. Wir haben seine Worte so oft gehört, dass wir dieses Gleichnis zu verstehen glauben, doch meist verstehen wir nur, dass Eigenlob uns nicht weiterbringen wird – Demut sei die Tugend, in der wir uns üben sollten. Jesus will jedoch keine Rangliste der Tugenden erstellen, sondern versucht unsere Moral tiefer zu verankern. Er sagt, dass unser systematischer Versuch, Gott zu gefallen, untauglich ist. Ein Baby strengt sich auch nicht an, um seinen Eltern Freude zu machen, sondern schafft das einfach durch seine Existenz. Wir sind irritiert, wenn jemand sich »zu sehr bemüht«, weil seine Bemühungen dann aufgesetzt und manipulierend wirken. Weder Gott noch die Menschen lieben jemanden, der sie manipulieren will.

Sobald der Pharisäer auf sein Verhalten hinweist, um sich bei Gott einzuschmeicheln, ist er verloren. Das Beispiel des Pharisäers, der sich und seine Moral über andere stellt, warnt den Leser, dass jeder Versuch, sich eine Garantie auf die Gnade Gottes auszurechnen, ganz dumm ist.

Die nötige radikale moralische Demut können wir nur erreichen, wenn wir mit diesen Versuchen aufhören. Wir sollen Gutes tun – und wenn auch nur, um Geld zu verdienen, unseren Eltern zu gefallen und nicht ins Gefängnis zu kommen –, aber dieses Gute zeitigt keine Liebe. Nur Liebe zeitigt Liebe.

Sich die Gnade Gottes verdienen zu wollen ist wie der Versuch, die Sonne scheinen zu lassen. Dass sie dann schließlich irgendwann einmal aufgeht, ist kein Grund, zu triumphieren. Eine gewisse Aufmerksamkeit ist lobenswert, aber es ist für unsere persönliche Entwicklung ungeheuer wichtig, anzuerkennen, dass vieles, was wir erreichen, von äußeren Kräften abhängig ist.

EINSER zeigen oft einen Charakterzug, der das trefflich illustriert: Sie möchten in vielen Fällen lieber für ihre Arbeit geschätzt werden als für ihr anziehendes Wesen. Manchmal werden sie wegen ihrer Selbstgerechtigkeit bei Beförderungen oder Belobigungen übergangen und reagieren darauf mit Wut, weil sie nach den Kriterien, »die eigentlich jeder anwenden müsste«, die qualifiziertesten Anwärter waren. Es ist auf Erden wie im Himmel – die Menschen werden nicht wegen ihrer Rechtschaffenheit geliebt. Etwas anderes ist wichtiger.

Deshalb erzählt Jesus die Geschichte vom Pharisäer, in der sich die Aufgabe, moralisch zu handeln, als unerfüllbar und kontraproduktiv erweist. Wenn eine EINS diese Geschichte nachzuleben versucht, kann sie sich allmählich von ihrem überzogenen Anspruch lösen; sie wird offener, entwickelt einen Sinn für Humor und Dankbarkeit.

Der Perfektionismus der EINS lässt ihre Welt zusammenschrumpfen. Im Trancezustand ist die EINS rechtschaffen, wenn auch nur innerhalb eines klar umrissenen Regelwerks. Jesus lag immer im Streit mit den Pharisäern, weil sie nicht das Ganze überblickten, das, was er »das Wichtigste im Gesetz« (Matthäus 23,23) nannte. Wenn wir einen perfekten Rasen haben wollen, wählen wir ein kleines Grundstück dafür. Einen fünf Hektar großen Rasen können wir nicht mit der Schere pflegen. EINSER berichten oft, dass sie sich über irgendetwas aufregen und dann mit ihrer Wut im Bauch daran gehen, ihre Wohnung zu putzen oder Staub zu saugen. So vervollkommnen sie wenigstens einen – überschaubaren – Teil der Welt. Wenn wir so mit den Gesetzen umgehen, beschäftigen wir uns pedantisch mit immer kleineren Problemen auf Kosten der Realität und auf Kosten des »Wichtigsten im Gesetz«.

Wenn eine EINS sich mit der sozialen Gerechtigkeit, der Umweltproblematik oder dem Schutz von Minderheiten beschäftigt, ist die moralische Aufgabe so groß, dass sie sich nie »gerecht« fühlen kann, weil sie das Problem nicht lösen kann. Sobald wir uns rechtschaffen fühlen, schaffen wir uns automatisch Gott nach unserem Bild. Wie gesagt, vergleicht die EINS das, was ist, mit dem, was sein sollte. Und Jahwe gab sich den Namen »ICH BIN«. Gott ist der, der IST, und wenn wir Gott an dem messen, was sein *sollte*, verengen wir die Letzte Wirklichkeit, um sie unseren Kategorien anzupassen. Wir werden zu Legalisten, zu Paragraphenreitern.

Mit dem Legalismus geht eine quälende Anstrengung einher. Das Wort Gnade dagegen klingt nach Ausgelassenheit, Mühelosigkeit und Leichtigkeit. Ich glaube, diese Worte Jesu sind besonders an EINSER gerichtet:

Kommt alle zu mir, die ihr euch plagt und schwere Lasten zu tragen habt. Ich werde euch Ruhe verschaffen. (Matthäus 11,28)

Eine Pseudomoral, der Perfektionismus, ist der Feind der wahren Moral. Das will Jesus ausdrücken, wenn er sagt:

Denkt nicht, ich sei gekommen, um das Gesetz und die Propheten aufzuheben. Ich bin nicht gekommen, um aufzuheben, sondern um zu erfüllen ... Wer auch nur eines von den kleinsten Geboten aufhebt und die Menschen entsprechend lehrt, der wird im Himmelreich der Kleinste sein. Wer sie aber hält und halten lehrt, der wird groß sein im Himmelreich. Darum sage ich euch: Wenn eure Gerechtigkeit nicht weit größer ist als die der Schriftgelehrten und der Pharisäer, werdet ihr nicht in das Himmelreich kommen. (Matthäus 7,17; 19–20)

Das Paradoxon des bindenden und zugleich unzulänglichen Gesetzes ist eine Energiequelle für die Spiritualität der EINSER. Sie sind versucht, nur die Verbindlichkeit zu sehen und daraus das ganze Bild zu formen. Doch für Jesus beginnt das große Bild mit der Vergebung, die weder das Gesetz noch ein Legalist anzubieten hat. In Matthäus 18,22 weist Jesus Petrus an, seinem Bruder siebenundsiebzigmal zu vergeben, also so oft, wie jener sündigt. Wenn EINSER lernen, sich selbst und anderen zu vergeben, entwickeln sie das Mitgefühl, dass für eine echte spirituelle Entwicklung notwendig ist. EINSER sollten sich bewusst machen, dass im Gebet Jesu, dem Vaterunser, keine besondere menschliche Anstrengung gefordert wird, außer zum Schluss, wo es heißt, dass wir anderen vergeben wollen, wie auch wir uns Vergebung wünschen. Alles andere liegt bei Gott.

Was können EINSer tun?

1) Entwickeln Sie Ihren Sinn für Humor. Er ist ein verlässlicher Maßstab für Ihre geistige Gesundheit und Spiritualität.

2) Lassen Sie ästhetische Schönheit auf sich wirken. Wenn Sie die Schönheit einer Sache würdigen können, verfallen Sie nicht so schnell wieder in die Gewohnheit, sie mit etwas anderem zu vergleichen. Schöne religiöse Kunst und Musik kann ihnen helfen, Gott nicht nur moralisch gut, sondern auch schön zu finden. So können Sie Ihre moralischen Scheuklappen ablegen.

3) Dankgebete helfen. Es ist schwierig, gleichzeitig unzufrieden und dankbar zu sein.

Es gibt noch viele andere sinnvolle therapeutische Techniken, Ich habe nur einige wenige ausgewählt, die sich direkt auf die biblische Tradition beziehen.

Zweier –
Vergebliche Liebesmüh?

Zweier pflegen einen stark personenfixierten Stil. Bei jeder Aufgabe, die sie anpacken, konzentrieren sie sich vorrangig auf Beziehungen. Ausgeglichene Zweier wirken besonders liebevoll und liebenswert. Es ist eine Freude, etwas von einer Zwei geschenkt zu bekommen, weil sie meist genauer als der Beschenkte selbst weiß, was dieser sich wünscht, und mit ihrem Tipp selten daneben liegt, egal wie viel sie ausgibt. Außerdem sind Zweier sehr anpassungsfähig. Wenn man einen Rat braucht, ist die Zwei stets zur Stelle. Und auch wenn es um seelsorgerliche Hilfe, Rasenmähen, eine Autoreparatur oder das Ausfüllen der Steuererklärung geht, ist eine begabte Zwei oft die beste Wahl. Zweier konzentrieren sich auf die Bedürfnisse ihres Gegenübers und entwickeln dabei die innere Überzeugung, dass sie helfen können, egal worum es gerade geht. *Thomas von Aquin* hat die Nächstenliebe beschrieben als »etwas von sich selbst weggeben«, und Zweier verpflichten sich nur allzu gern dazu.

Doch diese Verpflichtung hat ihre Tücken, denn der Begriff ist doppelbödig. Man erfüllt nicht nur die eigene Pflicht, sondern verpflichtet auch denjenigen, dem man einen Gefallen getan hat, sich zu revanchieren. Der heilige *Vinzenz von Paul* erklärte seinen Brüdern, dass »die Armen uns unsere Barmherzigkeit vergeben müssen«, und ermahnte sie, keine Dankbarkeit zu erwarten, denn es ist nicht nur besser, zu geben als zu nehmen, sondern das Nehmen kann auch eine demütigende – oder zumindest irritierende – Erfahrung sein. Empfangende fühlen sich oft verpflichtet, die Gebenden als höherstehend anzusehen. Zweier sind dafür anfällig.

Die Enneagramm-Tradition schreibt der Zwei als Hauptwesenszug den Stolz zu, besonders den Stolz darauf, dass man etwas geben kann, ohne selbst darauf angewiesen zu sein, etwas zu bekommen. Die eigenen Bedürfnisse nicht anzuerkennen, ist eine arrogante Haltung und wird deshalb als Stolz bezeichnet. Dennoch geht es nicht um jenen Stolz, der nach der scholastischen Tradition der

Ursprung und die schlimmste aller Sünden ist: der Versuch, so zu sein wie Gott, wie es in der Genesis beschrieben wird:

Sobald ihr davon esst, gehen euch die Augen auf; ihr werdet wie Gott und erkennt Gut und Böse. (Genesis 3,5)

Eine ZWEI nimmt ihre Bedürfnisse nicht bewusst wahr. Auf der Bewusstseinsebene versucht sie ständig, den Bedürfnissen anderer gerecht zu werden, merkt jedoch nicht, dass diese Investition von Gefühlen ihr eigentlich dazu dienen soll, ihre eigenen verborgenen (und nicht akzeptierten) emotionalen Bedürfnisse zu befriedigen. Die Tiefe der Trance, in der sich eine ZWEI befindet, ist sehr genau daran abzulesen, wie weit sie ihre eigenen Bedürfnisse zurückstellt. Menschen, die mit einer ZWEI Probleme haben, beschreiben sie oft als bedürftig, doch die genauere Definition würde lauten: »bedürftig und diese Bedürfnisse verdrängend«.

Eine ZWEI wirkt oft unangenehm auf andere, weil sie eine symbolische Befriedigung ihrer Bedürfnisse fordert (»Du besuchst mich nie«), während sie ständig darauf hinweist, dass ihr nur wichtig ist, die Bedürfnisse ihres Gegenübers zu befriedigen (»Wenn du mich besuchen würdest, könnte ich alles Mögliche für dich tun«). Die Botschaft wird verdreht: »Ich will diese Beziehung mit dir, weil du sie brauchst.«

Für die eigenen Bedürfnisse nicht empfänglich zu sein, ist gefährlich. Was man nicht ganz offen bekommt, versucht man sich hintenherum zu holen. Deshalb berechnet eine unreife ZWEI immer genau, ob sie auch wirklich so viel und so Gutes zurückbekommt, wie sie gegeben hat. Und manchmal fordert sie zur ungünstigsten Zeit einen Ausgleich. Ungesunde ZWEIer geben nicht wirklich; sie investieren. Und wie alle InvestorInnen wollen auch sie ihren Einsatz mit Zinsen zurückbezahlt bekommen.

Die Anpassungsfähigkeit der ZWEIer kann sich in Verwirrung bezüglich ihres eigentlichen Wesens verwandeln. Sie wollen so sein, wie andere Menschen es sich wünschen, aber wenn jemand sie so braucht, wie sie wirklich sind, zieht er bei ZWEIern oft eine Niete. Sie leben oft durch jemand anderen, im Dunstkreis einer mächtigen Person, oder für jemand anderen, zum Beispiel im Falle einer Ko-Dependenz (Abhängigkeit von der Sucht des Partners). Psychologisch ausgedrückt haben sie Abgrenzungsprobleme.

Wonach ZWEIer sich sehnen

ZWEIer möchten aufgrund ihres wahren inneren Selbst geliebt werden. All ihre Aufmerksamkeiten, ihre Schmeicheleien und bis zu einem gewissen Grad auch ihre Manipulationen sind ein Versuch, andere Menschen dazu zu bringen, dass sie sie lieben, wie sie sind. ZWEIer leben für die Liebe, und sie verbringen einen Großteil ihrer Zeit auf der Suche nach ihr. Sie glauben vielleicht nicht wirklich daran, dass bedingungslose Liebe möglich ist, aber dennoch ist sie der Motor all ihrer Aktivitäten. Ihre Suche ist natürlich zum Scheitern verurteilt, denn eine Liebe, die man sich verdient, ist *per definitionem* nicht bedingungslos, sondern durch das bedingt, was man getan hat, um sie zu verdienen. Eine bedingungslose Liebe können sie nur erlangen, wenn sie loslassen, aufgeben. Oft hören ZWEIer in der Endphase ihrer spirituellen Entwicklung auf, sich Liebe verdienen zu wollen.

Wonach sie streben

Sie streben nach Anerkennung. Oft haben sie in ihrer Kindheit und Jugend auf die eine oder andere Weise, materiell oder emotional, für ihre Eltern sorgen müssen. Also versuchen sie weiterhin, sich Liebe zu verschaffen, indem sie sich um die Bedürfnisse derer, die sie lieben, kümmern. Das Problem dabei ist nur, dass die ZWEIer davon ausgehen, dass die Menschen sie lieben werden, wenn sie für sie sorgen. Andersherum glauben sie, dass man sie nicht liebt, wenn sie sich nicht einsetzen. Die Sünde des Stolzes ist der Hochmut und die ZWEI wird hochmütig durch Anerkennung.

Anerkennung ist jedoch noch keine Liebe. Stellen Sie sich vor, der Mensch Ihrer Träume sagt in einem romantischen Moment, in dem Sie sich nach Hingabe und Zuneigung sehnen, in einem angenehmen, aber vorsichtig-distanzierten Tonfall, wie sehr er oder sie das alles *schätzt*, was Sie getan haben. Das ist nicht gerade das höchste der Gefühle!

Die negativ strukturierte Dynamik der ZWEIer-Trance entwickelt sich folgendermaßen: Sie beginnt mit einer verzerrten Sicht der Wirklichkeit: Die Menschen lieben die ZWEI nur, wenn sie sich für sie und ihre Bedürfnisse einsetzt. Sie gibt das kostbare Selbstwertgefühl auf, das sich in der Aussage »Ich bin liebenswert, so wie ich bin« ausdrückt. Nachdem sie ihr Recht auf bedingungslose Liebe aufgegeben hat, setzt sie all ihre Kraft daran, diese Liebe wiederzuerlangen. Und natürlich kann sie nie genug bedingte Liebe bekommen, weil es eben einen riesigen Abstand zwischen bedingter und bedingungsloser Liebe gibt. Liebe, die auf Dankbarkeit beruht, kann man aufhäufen, so viel man will – sie wird sich niemals mit bedingungsloser Liebe messen können.

Das 14. Kapitel des Lukas-Evangeliums berichtet von verschiedenen Gleichnissen rund um ein Gastmahl, die ZWEIer-Themen berühren. Einerseits wird das Problem der Grenzen angesprochen. ZWEIer leiden oft an Abgrenzungsproblemen. Sie dringen in den Raum anderer Menschen ein und besetzen ihre Zeit, lassen ihrerseits aber auch zu, dass andere sie selbst unangemessen beanspruchen. Grenzen schaffen Identität. Wenn die Identität erkennbar ist, kann man um seiner selbst, um seiner wirklichen Identität willen geliebt werden. Ohne Grenzen gibt es keine Identität und keine echte Liebe.

In der Kultur des Mittleren Ostens schuf und behauptete man zur Zeit Jesu seine Identität und seine Grenzen durch seine Tischgemeinschaft. Als Jesus mit Sündern aß, wusste jeder, dass er die gesellschaftlichen Regeln in Frage stellte und Grenzen brach, denn so stellte er sich auf eine Stufe mit diesen Sündern. »Sünder« war eine Bezeichnung für alle, die nicht den jüdischen Gesetzen gehorchten und außerhalb der jüdischen Gemeinschaft standen, auf der anderen Seite der Grenze (wie heute Terroristen oder wie Kommunisten in den Vereinigten Staaten bis vor Kurzem).

Die Empörung über Jesu Essgewohnheiten ist für uns schwer nachvollziehbar. Doch die Reinheitsgesetze im Blick auf Nahrungsmittel im Alten Testament – so umfassend, so detailliert und so wichtig, dass sie Identität stiften oder vernichten konnten – waren die Grundlage sozialer und persönlicher Identität. Wenn wir heute sagen: »man ist, was man isst«, beziehen wir uns nur auf die Ernährungsweise. Für die Menschen zu Jesu Zeit hatte ein solcher Satz religiöse und ethische Bedeutung. Ernährungsgewohnheiten waren ein gültiger Maßstab für jüdischen Glaubenseifer.

Bis heute lässt sich die Rechtgläubigkeit von Juden eindeutig an der Befolgung von Ernährungsrichtlinien ablesen. *Koscher* ist ursprünglich eine Art, Nahrungsmittel zuzubereiten, doch heute hat sich die Bedeutung des Wortes so erweitert, dass man alles »richtige Handeln« damit bezeichnet. *Koscher* steht für moralische und – durch Ausweitung des Begriffs – religiöse Identität.

Jesus ist sich also der enormen Bedeutung der Sitzordnung voll bewusst, als er das folgende Gleichnis erzählt (Bedenken Sie, dass ein Gleichnis nicht einfach nur eine nette Geschichte ist, sondern kulturelle und spirituelle Erwartungen, Identitäten und Prinzipien offenlegen soll):

Als er bemerkte, wie sich die Gäste die Ehrenplätze aussuchten, nahm er das zum Anlass, ihnen eine Lehre zu erteilen. Er sagte zu ihnen: Wenn du zu einer Hochzeit eingeladen bist, such dir nicht den Ehrenplatz aus. Denn es könnte ein anderer eingeladen sein, der vornehmer ist als du, und dann würde der Gastgeber, der dich und ihn eingeladen hat, kommen und zu dir sagen: Mach diesem hier Platz! Du aber wärst beschämt und müsstest den untersten Platz einnehmen. Wenn du also eingeladen bist, setz dich lieber, wenn du hinkommst, auf den untersten Platz; dann wird der Gastgeber zu dir kommen und sagen: Mein Freund, rück weiter hinauf! Das wird für dich eine Ehre sein vor allen anderen Gästen. Denn wer sich selbst erhöht, wird erniedrigt, und wer sich selbst erniedrigt, wird erhöht werden. (Lukas 14,7–11)

Jesus gibt hier keinen Ratschlag, wie man es am geschicktesten anstellt, sich einen besseren Platz bei Tisch mit der dazugehörigen gesellschaftlichen Anerkennung zu verschaffen. In seinen Gleichnissen geht es um die Prinzipien im Reich Gottes – auch in diesem.

Es behandelt die Abgrenzungs- und Identitätsprobleme von ZWEIern. Die Pharisäer zogen Grenzen zwischen denen, mit denen sie essen würden, und denen, mit denen sie ihr Mahl auf keinen Fall teilen wollten. Damit konnten sie die Reinheit der ganzen Nation kontrollieren. Es funktionierte im Kleinen wie im Großen. Überall kann man so Gute und Böse voneinander trennen. Wenn also Stolz und übersteigertes Selbstbewusstsein das Problem sind, bieten sich sorgfältig starre Essgewohnheiten als Lösung an. Ein Gastmahl ist Anlass für soziale und emotionale Unterscheidungen, die wiederum Status und Anerkennung bringen. Der Platz, den jemand am Tisch einnimmt, verleiht ihm die ersehnte Identität und Zugehörigkeit.

Im Gleichnis jedoch lösen sich die feinen Unterschiede auf. Es kann den Gläubigen in tiefste Verwirrung stürzen: Wenn man sich erhöhen will, erniedrigt man sich einfach, um dann erhöht zu werden. Da jedoch diese Selbsterniedrigung nur dazu dient, einen höheren Status zu erlangen, erhöht zu werden, versucht man also eigentlich, sich selbst zu erhöhen. Das funktioniert irgendwie nicht.

Oder drehen wir es um: Sie wollen sich demütigen, in den Worten des Gleichnisses: erniedrigen. Wie machen Sie das? Natürlich indem Sie sich selbst erhöhen. Wenn Sie sich also erniedrigen wollen, laufen Sie herum und erzählen Sie überall, wie toll Sie sind; die Menschen werden schlechter von Ihnen denken, und schon haben Sie sich selbst erniedrigt, gedemütigt. Andererseits: Wie viele unter den demütigen Menschen, die Sie kennen und bewundern, haben diesen Weg zur Tugend mit Hilfe der Prahlerei beschritten? Oder suchen Sie ein Beispiel aus der Bibel oder den Heiligenleben – finden Sie dort auch nur einen einzigen, der sich selbst erhöht hat, um die Tugend der Demut zu erlangen?

Dennoch versuchen einige etwas in der Art. Wie oft haben Sie erlebt, dass Menschen, die gute Arbeit leisten, sie Ihnen mit den Worten zeigen: »Also, ich weiß, dass es nichts Besonderes ist. Ich kann einfach nicht zeichnen (malen, singen, werfen – was auch immer).« Und Sie wissen ganz genau, dass Sie sie dann loben sollen, aber meist ärgern Sie sich darüber. Sie loben sie nur sehr zurückhaltend oder sagen gar nichts, weil Sie genau wissen, dass sie ein Spiel spielen.

Menschen, die dieses Gleichnis wörtlich nehmen, versuchen oft, so ein Spiel zu spielen. Wenn es nicht funktioniert, verkünden sie im Brustton der Überzeugung, dass Demut Bescheidenheit sei – was Jesus sicher überraschen würde, weil er bestimmt nicht wollte, dass wir sein Gleichnis wörtlich nehmen.

Der Punkt ist: Gleichnisse sind keine Techniken. Man soll nicht tun, was sie *sagen*, also weder aufgeblasen noch in Selbstmitleid versunken herumlaufen. Das funktioniert mit Sicherheit nicht. Beide Extreme sind subtile Formen eines spirituellen Kuhhandels, der sich immer wieder als Falle für die ZWEI erweist.

Wenn das Gleichnis also kein guter Rat und keine Technik für geistliche Weiterentwicklung ist, wozu ist es dann gut? Und warum sagt Jesus nicht einfach, was er von uns will?

Das Gleichnis behandelt das Problem der Selbsteinschätzung und der gesellschaftlichen Grenzen, die sie stützen. Jesus zeigt, dass das Problem der Selbsteinschätzung (und des gesellschaftlichen Ansehens in der Kultur des Neuen Testaments) nicht auf der Ebene gelöst werden kann, auf der es sich stellt, also indem jemand diese Einschätzung teilt oder sie uns abspricht. Das Gleichnis zeigt uns, dass wir unseren Rang im Reich Gottes nicht erlangen, indem wir ihn einfordern. Ebenso wenig können wir ihn erreichen, indem wir ihn *nicht* beanspruchen (weil wir vorgeben, wir würden ihn nicht beanspruchen, da wir uns selbst erniedrigen). Jesus zwingt uns, aufzugeben. Sobald wir loslassen, sind wir bereit für die Vermittlung der Gnade, oder, wie der Chemiker *Ilya Prigogine* es ausdrückt, für eine »Flucht in eine höhere Ordnung«.

In den Gleichnissen Jesu geht es meist um das Wesen des Gottesreiches. Deshalb sind sie ohne Meditation nicht verständlich. Sie eröffnen uns Stück für Stück eine Beziehung zu Gott, die unser gesamtes Handeln zutiefst beeinflusst.

Jesus will uns zeigen, dass wir uns in Gottes Augen nicht erhöhen können. Er setzt sich für ein dem Gottesreich angemessenes Verhalten ein. Und auch erniedrigen können wir uns in Gottes Augen nicht. In diesem Spiel geht es nicht darum, unseren Status vor Gott zu verbessern, sondern darum, dankbar zu sein für den Status, den wir haben.

Dies illustriert die Sünde des Stolzes bei der ZWEI. Stolz ist in den Augen Gottes und in der Erfahrung der ZWEI nicht, dass sie einen besonderen Wert oder eine besondere Identität beansprucht, sondern dass sie andere dazu zu bringen versucht, ihr diesen Wert, diese Identität zu geben. Was wir von anderen bekommen, ist äußerlich, bleibt immer außerhalb unserer selbst und kann jederzeit verloren gehen. Stolz bringt mich dazu, mir einen Platz an der Tafel zu suchen, den mir jemand anders als Gott zugewiesen hat. Unreife ZWEIer versuchen sich Liebe zu verdienen, indem sie die Bedürfnisse anderer statt ihre eigenen befriedigen und sich selbst einreden, sie hätten gar keine Bedürfnisse.

Das ist einfach nicht wahr, und deshalb ist dieser Stolz eine Sünde, anders als der legitime Stolz auf Talent und Wissen. ZWEIer brauchen ein Fundament in ihrer Beziehung zu Gott. Ein echtes Gebet spricht man nicht einfach so dahin. Es ist vielmehr Ausdruck unserer radikalen Bedürftigkeit und unser ebenso radikalen Dankbarkeit für alles, was wir sind und haben. Wenn wir dies ausdrücken, und wenn dies unser Denken durchdringt, kennen und lieben wir uns, wie wir sind. Wenn die ZWEIer aufhören, sich um den besten Platz am Tisch zu balgen, weist ihnen ihr göttlicher Vater einen Platz zu und sie freuen sich darüber. Das befreit sie von den Bewertungen und Reaktionen anderer Menschen ebenso wie von ihrer Abhängigkeit und ihrem Bedürfnis, andere zu manipulieren.

Das Gleichnis nimmt uns gleichsam auf den Arm – bis es unsere gewohnten Denkmuster durchbricht. Wenn wir versuchen, es wörtlich zu nehmen und danach zu leben, merken wir, dass unser Denken sich im Kreis dreht; wenn wir das Gleichnis auf eine Technik reduzieren, mit deren Hilfe wir unseren Platz am Tisch des Herrn, unseren wirklichen Platz im Leben, sichern können, funktioniert es nicht.

Ich hatte einen Schüler, der das intuitiv verstand. Er war »cool«, und er wusste es. Seine Noten waren gut, er war stark, hatte Stil, Anmut und Charme. Kleine Mädchen (er war elf) kamen, um ihm beim Ballspielen zuzusehen, schwächere Jungen liefen ihm nach und waren stolz darauf, in seiner Nähe sein zu dürfen. Einmal sprach ich mit ihm nach dem Unterricht über ein Kind, das Probleme machte: »Warum ist Jimmy eigentlich nicht cool?« Er antwortete ohne zu zögern: »Weil er sich zu sehr anstrengt, es zu sein.« Ich wusste, dass er recht hatte, und war beeindruckt, aber ich wollte es noch genauer wissen: »Okay, und wie kann er cool werden, wenn er sich nicht anstrengt?« Er sagte, das wisse er nicht, aber er wisse, dass man, wenn man nicht cool sei, es auch nicht aus eigener Anstrengung heraus werden könne. Also fragte ich ihn: »Und wie wird man cool?« Er antwortete cool: »Man strengt sich nicht an, man ist es einfach.«

Eine ziemlich gute Theologie der Gnade für einen Elfjährigen! Jesus erklärt uns etwas Ähnliches: Zweier müssen im Gebet die Fähigkeit entwickeln, sich zu entspannen. Sie müssen sich nicht ständig um die Bedürfnisse der anderen kümmern; sie müssen sich nirgendwo einschmeicheln. Ihr Vater, der diese Bedürfnisse kennt, wird sich ihrer annehmen.

Verstehen Sie das nicht falsch. Wir müssen uns um die Bedürfnisse anderer Menschen kümmern: Die Welt wäre ein furchtbarer Ort, wenn wir es nicht täten. Wir sollten nur nicht glauben, dass wir uns damit Liebe verdienen können. Die Bedürfnisse anderer zu befriedigen ist eine große Kunst, und wenn der Impuls dazu unserer eigenen ungestillten Bedürftigkeit entspringt, wird alles schief.

Das Gleichnis betont, dass wir aus einer gewissen Dankbarkeit heraus handeln sollten, aus einer Dankbarkeit für alles, was uns gegeben worden ist. Es geht bei unserem Einsatz für die Bedürfnisse anderer nicht um eine Investition, sondern um den Dank, den wir damit ausdrücken. Das steht den gesellschaftlichen Erwartungen von damals wie von heute diametral entgegen. Den Menschen zur Zeit des Neuen Testaments, die unter dem jüdischen Gesetz groß geworden waren, erschien es logisch, dass die Menschen, die das Gesetz halten, in den Augen Gottes gerechtfertigt sind. Dasselbe wird auch bei uns am Sonntag meist gepredigt: Seid gut, damit ihr in den Himmel kommt. Gerade diese Position ist gefährlich für ZWEIer, die sie sich auf der Gefühlsebene zueigen machen. Es ist die Position, die Paulus in seinen Briefen an die Galater und Römer verurteilte. Dass sich Paulus gegen ein Leben nach dem Gesetz wandte, ist nicht nur von historischer Bedeutung, sondern offenbart – ebenso wie das Gleichnis Jesu – ein tiefes Verständnis der strukturellen Schäden, die diese Einstellung in unserem Gefühlsleben anrichtet.

Die Sünde des Stolzes besteht darin, dass man die eigene Bedürftigkeit nicht anerkennt – besonders sein Bedürfnis nach Gott. Die Einhaltung des Gesetzes ist ein raffinierter Weg, ohne Gott zurechtzukommen, ohne sich dem Gefühl der Leere in uns völlig zu öffnen. Wir sprechen vom »Gesetz Gottes«, doch die emotionale Wirklichkeit ist, dass wir uns selbst rechtfertigen wollen, ohne unsere Geschöpflichkeit zu akzeptieren.

Wenn man mit den Gleichnissen Jesu umzugehen versucht, ohne sich auf ein gefühlvolles, differenziertes und beständiges Gottvertrauen zu stützen, nimmt man ihnen ihre tiefere Bedeutung. Die Grundaussage hinter diesem Gleichnis lautet, dass wir, sobald wir nicht mehr versuchen, uns Liebe zu verschaffen, all dies unserem göttlichen Vater überlassen werden. Doch solange wir nicht innig und vertraut zu Gott beten, wirken die Gleichnisse frustrierend. Man kann Jesu Gleichnisse nicht aus dem Kontext der Evangelien herauslösen. Jesus sagte, er habe nur getan, was er auch den Vater tun sah. Unser Enneagramm-Stil ist durch das geprägt, was wir tun, wenn wir nicht beobachten, was unser Vater tut, wenn wir uns den vollen Reichtum der Wirklichkeit, den Gott zu unserer Freude geschaffen hat, nicht vergegenwärtigen. Unser Enneagramm-Stil ist eine reaktive Strategie auf eine Welt, die wir nach unserer frühen oder wiederholten Erfahrung als verarmt empfinden. Die Vision des Gottesreiches dagegen, die Jesus verbreitet, verspricht paradiesische Fülle und Überfluss.

Ich sehe gern fähigen Therapeuten bei ihrer Arbeit zu. Sie legen offen, wie die gewohnte Energie, die uns normalerweise zu schaffen macht, durch die »Umstände« ins Leere läuft. Oft hören wir von Menschen, die ihrem Leben einen spirituellen Sinn zu geben versuchen, Aussagen wie etwa: »Es ist, als ob das Universum mir etwas zu sagen versuchte.« Unsere Enneagramm-Strategie läuft gegen Wände, verführt und enttäuscht uns. Das geschieht zwangsläufig, weil sie auf einer eingeschränkten Weltsicht beruht. Doch wir können sie aufgeben, wenn wir darauf vertrauen, dass Gott in unserem Leben etwas besseres machen wird.

Das nächste Gleichnis im Lukas-Evangelium richtet sich gegen eine andere Ausdrucksform neuer Zwänge, denen ZWEIer oft unterliegen:

> Dann sagte er zu dem Gastgeber: Wenn du mittags oder abends ein Essen gibst, so lade nicht deine Freunde oder deine Brüder, deine Verwandten oder reiche Nachbarn ein; sonst laden auch sie dich ein, und damit ist dir wieder alles vergolten. Nein, wenn du ein Essen gibst, dann lade Arme, Krüppel, Lahme und Blinde ein. Du wirst selig sein, denn sie können es dir nicht vergelten; es wird dir vergolten werden bei der Auferstehung der Gerechten. Als einer der Gäste das hörte, sagte er zu Jesus: Selig, wer im Reich Gottes am Mahl teilnehmen darf. (Lukas 14,12–15)

Das ist genau der Rat, den eine ZWEI hören muss! Tu nichts, was die Menschen dazu bringen soll, dich zu lieben. ZWEIer können dieses Gleichnis als Frontalangriff empfinden.

Wenn man es wörtlich nimmt, dann hieße es, dass Christen nur mit Leuten essen sollten, die nicht ihre Freunde sind. Stellen Sie sich vor, wie Sie sich über eine solche Einladung freuen würden! Und wenn Sie einmal Hunger hätten, dürften Sie nicht mit Ihren Freunden essen. Kann das so gemeint sein?

Hier tritt jene Form von Spiritualität auf den Plan, die wir früher mit dem lateinischen Begriff *agere contra* bezeichnet haben (und die normalerweise den Jesuiten zugeschrieben, aber auch von vielen Nicht-Jesuiten praktiziert wird, die sich nur nicht des lateinischen Etiketts bedienen). Grundlage des *agere contra* ist die Überzeugung, dass man ein spirituelles oder moralisches Problem lösen kann, indem man das Gegenteil tut. Wenn man faul ist, kann man dem Problem beikommen, indem man hart arbeitet. Wenn man ängstlich ist, sollte man tapfere Taten tun. Wenn man zurückhaltend ist, sollte man viel mit anderen Menschen zusammenkommen. Kurz gesagt: Im Zweifelsfall sollte man das tun, was man nicht tun will. Dieser Ansatz spricht vor allem Menschen an, die sehr viel Willenskraft zu besitzen glauben oder ein geringes Selbstwertgefühl haben und meinen, dass alles, was sie gern tun, falsch ist. Wahrscheinlich sind auch Sie schon mit dieser Idee in Berührung gekommen. Zum Beispiel bei Gewichtsproblemen soll sie Wunder wirken. Wenn man zu viel wiegt, sollte man aufhören, so viel zu essen. Dann nimmt man ganz bestimmt ab. Das hat sicher bei Ihnen und allen Ihren FreundInnen funktioniert, oder? Wenn nicht, sollten Sie Ihre Willenskraft stärken. Es ist ganz einfach. (Natürlich nur, wenn Sie es eigentlich *nicht* wollen ...) Das ist eine anstrengende Form der Frömmigkeit. Immer das zu tun, was man eigentlich nicht will, erfordert sehr viel Selbstdisziplin und moralische Festigkeit. Es ähnelt dem Motto:»Du schaffst es aus eigener Kraft.« Die Jungen, Privilegierten, Gesunden und Reichen favorisieren häufig diese Spiritualität. Die Kirche dagegen hat sie schon im dritten Jahrhundert unter dem Namen Pelagianismus als Häresie verurteilt. Pelagius hatte erklärt, dass man das Reich Gottes erlangen könne, indem man immer nur richtig handle, und dass man, wenn man nur gut sei, auch sicher in den Himmel komme. Selbst heute noch wird diese Häresie von vielen Kanzeln herab verkündigt, und ihre psychischen Auswirkungen sind verheerend.

Wenn man den Himmel oder das Reich Gottes durch eigene moralische Anstrengungen erreichen könnte, bräuchte man keine Evangelien und keinen Erlöser. Das Gesetz wäre völlig ausreichend. Der Pelagianismus verkündet die Botschaft, dass man seine Probleme lösen und mit seinem Enneagramm-Stil zurechtkommen kann, indem man einfach aufhört, schlecht zu sein, und gut wird. Im Falle der ZWEI hieße das, einfach nicht mehr nett zu Freunden zu sein und sie nicht mehr einzuladen. Stattdessen sollte man die Lahmen, Blinden und Armen einladen, damit man nicht mehr in Versuchung gerät, seine Freunde zu manipulieren. Natürlich würde man dann auch nicht mehr mit ihnen essen.

Ein katastrophales Rezept.

Jesus gibt keine Ratschläge zu der Frage, wie man sein soziales Beziehungsnetz gestalten sollte. Wenn man das Gleichnis so wörtlich versteht, läuft man in die oben beschriebene Sackgasse.

Was also will er der ZWEI sagen? Wichtig ist, dass es noch einen Dritten gibt – den göttlichen Vater. Indem wir denen etwas geben, die nichts zurückgeben können, loben und danken wir unserem Vater. Wir glauben fest daran, dass unser Vater alles, was wir für die Armen tun, sieht und uns vergelten wird. Für ungesunde ZWEIer ist die Selbstlosigkeit die gefährlichste Falle. Menschen, die in der Seelsorge arbeiten, wissen, dass ein gesundes Gebetsleben lebensnotwendig ist, um den »Burnout« zu vermeiden. Unsere eigenen Ressourcen sind nicht groß genug, um die Bedürfnisse aller Menschen zu befriedigen. Gesunde ZWEIer müssen diese Wahrheit anerkennen. Wir können nur sinnvoll helfen, wenn wir bewusst anerkennen, was Gott zuerst tut.

Wenn wir irgendetwas tun, um zu «investieren«, um Gott dazu zu bringen, uns mehr zu geben, liegen wir völlig falsch. Alles, was wir haben, kommt von Gott. Wir geben in Dankbarkeit für das, was wir bekommen haben. Jesus hat gesagt, dass es uns vergolten wird, aber wir sollten dafür keinen zu engen zeitlichen Rahmen setzen. Er ermahnt seine Jünger auch: »Umsonst habt ihr empfangen, umsonst sollt ihr geben.« (Mt. 10,8) Und er sagt:

> Wenn ihr alles getan habt, was euch befohlen wurde, sollt ihr sagen: Wir sind unnütze Sklaven; wir haben nur unsere Schuldigkeit getan. (Lukas 17,10)

ZWEIer müssen diese harte Wahrheit hören, weil sie oft glauben, dass sie weit über ihre Pflichten hinausgehen, und dafür belohnt werden wollen – mit positiven Gefühlen, und zwar sofort.

Besonders wichtig für die ZWEI ist die Lokalisierung ihres inneren Ankerplatzes. Solange sie Gott nicht als ihren Ursprung betrachtet und ihre Marschbefehle nicht von ihm bekommt, fühlt sie sich leer und substanzlos. Nach einer Weile wird dieses Gefühl unerträglich, und sie sucht außerhalb ihrer selbst nach Substanz. ZWEIer berichten zum Beispiel oft von einem Gefühl der Leere in ihrer Brust. Sie können sich verloren, verwirrt fühlen und jemanden brauchen, der ihnen einen Sinn gibt. Wenn dieser jemand Gott ist, der mehr in uns ist als wir selbst, wie *Augustin* sagt, dann bewahrt die ZWEI ihr Zentrum in sich. Doch wenn es nicht Gott nicht ist, verlegt die ZWEI ihr Zentrum in die Person oder Gruppe, von der sie sich eine Anerkennung ihrer Lebensberechtigung verspricht.

Das Gebet kräftigt und stärkt unser Selbst, indem es uns klar macht, wo wir in unserer Beziehung zu Gott stehen. Das kontemplative Gebet, in dem man in der Liebe des Vaters ausruht, tut ZWEIern gut und fällt ihnen oft sehr leicht. Die Gefühlskomponente ist in ihnen stark ausgeprägt, und ein emotionales Gebet kann ihnen die innere Stärke und Sicherheit geben, die sie brauchen, um ein wenig

Abstand von der Zustimmung und dem Feedback anderer Menschen zu gewinnen.

ZWEIer sollten sich vor Augen führen, wie Kinder heranwachsen. Ein Kind wächst in Liebe und innerer Sicherheit mit der Gewissheit auf, geliebt zu werden, und überlegt nicht die ganze Zeit, was es tun muss, um Selbstvertrauen auszubilden. »Selbstvertrauen ausbilden« ist ohnehin eine unglückliche Formulierung. Nach dem Verständnis der Bibel müsste es richtiger heißen: »Selbstvertrauen entdecken«. Ein Kind entdeckt, dass es schön und wertvoll und innerlich reich ist, indem es die Wertschätzung in den Gesichtern der Erwachsenen sieht, die es lieben. Eine ZWEI muss diesen Prozess fortsetzen, indem sie an das Gesicht Gottes denkt, der sich an der Schöpfung freut. Deshalb ist ein gefühlsbetontes und hingebungsvolles Gebet oft sehr hilfreich für die ZWEI.

ZWEIer als Geistliche ohne ein ausgefülltes Gebetsleben sind ein Risiko für alle, die mit ihnen zu tun haben. Der kirchliche Dienst kann dazu beitragen, dass sie ihre Investitions-Politik institutionalisieren, wenn sie keinen starken, zentralen Halt im Gebet finden. Manchmal schätzen sie sich selbst nach der Position ein, die ihnen die Opfer ihrer Seelsorge am Tisch der Kirche einräumen. Dann setzen sie alles daran, eine bestimmte Position zu erlangen und strampeln sich hektisch dafür ab, statt sich still und liebevoll in ihrer Gemeinde zu engagieren.

Die Energie der ZWEI wird auf der politischen Ebene in den Geschichten der Hofpropheten aus dem Alten Testament besonders deutlich. Ihre Beziehungen zu ihren Königen spiegeln diesen Zwang wider. Sie lösen das Problem nicht durch Gleichnisse, sondern durch Gebete, und genau das hofft Jesus durch seine Gleichnisse letztendlich auch bei seinen Jüngern zu erreichen.

Im Alten Testament wird ein typisches Bild von der Monarchie im Mittleren Osten dieser Zeit gezeichnet. Der König hatte seinen Beraterstab, darunter auch einige Propheten. In solch einem Hofstaat ging es vor allem darum, sich die Gunst des Königs zu erhalten. Wenn man sie verlor, war man so gut wie tot, denn die Könige hatten die unangenehme Angewohnheit, »falsche« Propheten abschlachten zu lassen, um mit diesem Opfer gerade die Götter zu besänftigen, in deren Namen die Propheten gesprochen hatten.

ZWEIer befinden sich oft in der Situation dieser Propheten, weil sie häufig von mächtigen Menschen angezogen werden, durch die sie leben. In unserer Kultur gilt dies besonders für Frauen: Mächtige Männer ziehen Frauen an, denen kein eigenes Leben, kein Platz am Tisch des Reiches zugebilligt wird. Diese Frauen leben für und durch ihre Ehemänner oder Chefs. Darüber hinaus existieren aber durchaus noch andere, versteckere Formen solcher Beziehungen, von denen Männer und Frauen gleichermaßen betroffen sind. In jeder strengen Hierarchie, sei sie kirchlich, politisch oder geschäftlich, in der ein Mächtiger Plätze am Tisch des Lebens vergeben kann, ist unterschwellig diese Dynamik am Werk. ZWEIer fühlen sich in einer solchen Umgebung wohl.

In der Bibel umgab sich der König mit Beratern, die völlig von ihm abhängig waren. Das Ergebnis war vorhersagbar: Er sprach die ZWEIer-Energien seiner Berater an. Sie entwickelten eine hervorragende Fähigkeit darin, seine Bedürfnisse zu befriedigen, so wie wir alle in den Bereichen Fähigkeiten erwerben, denen wir unser Überleben verdanken. Das beste Mittel war Schmeichelei, das Erfolgsgeheimnis bestand darin, dem König zu erzählen, wie großartig und einzigartig er sei und, noch wichtiger, in Zukunft sein werde. Wenn der König also über einen neuen Krieg nachdachte, fragte er seine Propheten, und wenn diese glaubten, er wolle kämpfen, prophezeiten sie ihm den Sieg, wenn sie jedoch glaubten, er wolle es nicht, sagten sie ihm den Fehlschlag des Krieges voraus.

Ein klares Gegenbeispiel dazu war der Prophet Amos, der alle möglichen schrecklichen Dinge voraussagte:

> So spricht der Herr: Wie ein Hirt aus dem Rachen des Löwen (von einem Schaf) nur zwei Wadenknochen rettet oder den Zipfel eines Ohres, so werden Israels Söhne gerettet, die in Samaria auf ihrem Diwan sitzen und auf ihren Polstern aus Damaskus. (Amos 3,12)

In anderen Worten: Wenn der König in den Krieg zieht, werden nur verstreute Reste vom Volk Israel übrig bleiben. Amos sagte von sich selbst:

> ... Ich bin kein Prophet und kein Prophetenschüler, sondern ich bin ein Viehzüchter, und ich ziehe Maulbeerfeigen. Aber der Herr hat mich von meiner Herde weggeholt und zu mir gesagt: Geh und rede als Prophet zu meinem Volk Israel! (Amos 7,14–15)

Amos stellt seine Gottesbeziehung gegen die käuflichen Propheten. Er behauptet, dass er richtige Voraussagen mache, weil er kein schmeichlerischer Höfling im Sold des Königs sei. Er antwortet dem Wort Gottes und »tut das, was er den Vater tun sieht«, wie Jesus es später beschreibt.

Amos vertritt dieselbe Ansicht wie Jesus: Der einzige Weg sich nicht von der Einschätzung und Bewertung durch andere abhängig zu machen, ist sich unter den Willen Gottes zu stellen.

Die ZWEI, die zur Schmeichelei neigt und dabei denjenigen, dem sie schmeichelt, insgeheim verachtet, kann nur dadurch emotionale Aufrichtigkeit erreichen, dass sie ihren Platz im Leben in ihrer Gottesbeziehung sichert.

Das ist für einige Menschen schwierig, aber Jesus erzählt die Gleichnisse, um ihnen die Mühen zu erleichtern. Dann ist die ZWEI frei, sich Gott zuzuwenden.

Was können ZWEIer tun?

1) Tun Sie verschiedene kleine, symbolische Dinge für andere, bei denen niemand herausfinden kann, dass Sie dafür verantwortlich sind (lassen Sie Ihre linke Hand nicht wissen, was Ihre rechte tut). Beobachten Sie dann, welche Strategien Sie sich ausdenken, um dieser Person zu zeigen, was Sie heimlich für sie getan haben. Sie werden dabei einen ungeheuren Erfindungsreichtum entwickeln und sich wahrscheinlich immer wieder vorstellen, wie diese Person es herausfindet und Ihnen überschwänglich dankt. Können Sie sogar darauf verzichten?

2) Verbringen Sie über mehrere Wochen hinweg so viel Zeit wie möglich im einsamen Gebet. (ZWEIer empfinden den Druck anderer sehr stark und müssen deshalb allein sein, um ihre innere Ruhe zu finden.) Lesen sie dann die Evangelien und achten Sie dabei darauf, wie oft Jesus sich zurückzog, um zu beten.

3) Machen Sie zwei Listen mit den Namen derjenigen, die Ihnen Energie abziehen, und derjenigen, die Ihnen Energie geben. Treffen Sie dann ein paar Entscheidungen im Blick auf Ihre Zeit und Ihre Freundschaften. Lesen Sie ein Evangelium und achten Sie darauf, wie Jesus falsche Annahmen über seine Identität zurechtrückte.

DREIer –
Hochleistungsmaschinen

DREIer sind schön. Sie sind die energiegeladenen, ehrgeizigen, effizienten, hart arbeitenden LeistungsträgerInnen. In den Machtzentralen Amerikas sind die DREIer überrepräsentiert. Sie steigen häufig bis an die Spitze auf. Gesunde DREIer besitzen jene Tugenden, die zum Erfolg führen. Sie nähern sich ihren Ziele mit der Konzentration einer Katze auf der Jagd, sie lieben Herausforderungen und packen Probleme sofort und erfolgreich an. Sie wissen, wie man Aufgaben bewältigt, und sind bereit, alles dafür Notwendige zu tun.

DREIer sind attraktive Menschen, haben oft ein scharfes Auge für stilvolles Ambiente und kennen die neuesten Modetrends. Sie können mit Kleidung ein Image kreieren, ein Essen zu einem kulinarischen Ereignis machen und das Alltägliche in etwas Denkwürdiges verwandeln. Und all das tun sie mit Anmut und Charme.

Gesunde DREIer sind charismatisch. Wenn sie einen Raum betreten, wirken die Lichter plötzlich strahlender, die Musik schneller und der Wein teurer. Glücklich können sich die Organisationen nennen, die von gesunden DREIern geleitet werden: Alles wird pünktlich erledigt, das Marketing ist großartig und die Bezahlung gut.

Die Sünde der DREI ist schwer zu erkennen. Sie entsteht, wenn eine DREI sich in die Show verliebt, die sie so großartig beherrscht. In der Enneagramm-Tradition wird sie »Eitelkeit« oder alternativ auch »Lüge« genannt. Beide Begriffe bezeichnen dieselbe verzerrte Weltsicht der DREIer, die Vorstellung, dass sie ihren Wert an dem messen können, was sie erreicht haben: »Ich *bin* meine Trophäen.« Trophäen können dabei ganz verschieden aussehen – Autos, Yachten, Gemälde, Zeugnisse, wichtige Bekannte. Philosophisch ausgedrückt könnte man sagen, dass Haben und Sein verwechselt werden. Auf der Gefühlsebene hat sich der kindliche Glauben erhalten, dass meine Eltern mich lieben – oder noch mehr lieben – werden, wenn ich ein erfolgreiches Mädchen oder ein erfolgreicher Junge bin und nur Einser nach Hause bringe.

DREIer berichten oft, dass sie als Kinder vor allem für ihre Leistungen geschätzt wurden, für besondere Leistungen in der Schule, in der Musik, im Sport oder in irgendeinem anderen Bereich. Sie wurden gelobt, weil sie etwas leisteten, das ins Wertesystem ihrer Eltern hineinpasste.

Wo ist da die Lüge? DREIer »lügen« nicht mehr als alle anderen Typen auch; aber sie formen sich selbst zu etwas, das sie eigentlich nicht sind. Dabei handeln sie nicht gegen ihre inneren Überzeugungen, sondern verdrängen sie ganz einfach. Ihr Ziel ist es, in den Augen derer, die den Erfolg bewerten, erfolgreich dazustehen. Die «Lüge» dabei ist ihre chamäleonhafte Fähigkeit, sich der jeweiligen Situation anzupassen. Ihr Ziel ist der Erfolg, aber Erfolg ist vom Umfeld abhängig. Und wenn das Image die Identität stiftet, ist die Identität vom Umfeld abhängig. DREIer sind an verschiedenen Orten verschiedene Menschen.

Worin besteht dabei die Sünde?

Denken Sie immer daran, dass eine Sünde nicht etwas ist, was wir tun, sondern eine Macht, unter deren Druck wir leiden. Die Sünde in diesem Fall besteht darin, dass DREIer nicht das bekommen, was sie wirklich wollen. Eine DREI klettert die Karriereleiter bis ganz oben hinauf und stellt dann fest, dass diese Leiter an der falschen Wand lehnt. Ein britischer Journalist, der an einem amerikanischen College unterrichtete, stellte fest, dass viele amerikanische Studenten »gern bereit sind, dem Kaiser zu geben, was des Kaisers ist ... *jedem* Kaiser!«

Wonach DREIer sich sehnen

Die DREI will so geliebt werden, wie sie ist. Eine DREI ist im tiefsten Innern davon überzeugt, dass sie geliebt wird, wenn sie das Image der perfekten Persönlichkeit verkörpert. Sie geht von der (falschen) Voraussetzung aus, dass sie nicht so geliebt wird, wie sie ist. Sie betrachtet Liebe als etwas, was man sich verdienen muss. Indem sie sich nach den Wünschen anderer Menschen richtet, verschiebt sich ihr Schwerpunkt von ihr weg. Sie unterwirft sich dem Urteil anderer statt ihrem eigenen, weil »die Anderen« den Erfolg messen. Dadurch verlagern sich die Anstrengungen der DREI nicht nur auf die Leistung, sondern auf die Leistung *in den Augen anderer* – ein riesiger Unterschied.

DREIer betrachten sich nur als liebenswert, wenn sie die Erwartungen anderer erfüllen. Folglich übernehmen sie die Kriterien von außen und verlieben sich in das Image, das sie selbst aufgebaut haben. Sie schätzen und lieben, was sie geschaffen haben: ihre Stellung, ihr Prestige, ihren Glanz – was auch immer dieses Image ausmacht.

Deshalb ist es für sie überlebenswichtig, dieses Image aufrechtzuerhalten, denn sonst verliert die DREI den Gegenstand ihrer Liebe und jede Möglichkeit, sich Liebe zu verschaffen. Es geht um alles.

Eine ungesunde DREI fühlt den Zwang, das Image aufrechtzuerhalten, egal ob sie wirklich Leistung bringt oder nicht. Sie wird anfällig für Abkürzungen, Schlampereien, Täuschungsmanöver – Hauptsache, das Image bleibt gewahrt. Fehler darf eine solche DREI nicht zugeben, Misserfolge müssen geleugnet oder umgedeutet werden, am besten, man schiebt sie jemand anderem in die Schuhe. Wenn Vorstandsvorsitzende über ihre Triumphe sprechen, führen sie sie auf harte Arbeit, Ideenreichtum, Beharrlichkeit und ein ganzes Bündel anderer Tugenden zurück. Wenn sie jedoch nach Fehlschlägen gefragt werden, liegen die Ursachen dafür stets in äußeren Faktoren: Die wirtschaftliche Lage, unfairer Wettbewerb, das Wetter oder die Kommunisten. DREIer können ihre Fehler nur schwer zugeben. Fehler sind fatal, denn ohne ihren Erfolg haben die DREIer gar nichts.

Wonach sie streben

Dreier geben sich mit ihrem Image zufrieden, das sie oft mit der Wirklichkeit verwechseln. Ihr Image setzt die DREIer unter Druck. Sie müssen ihm dienen, als ob es die einzige Währung sei, mit der sie sich Liebe erkaufen könnten. Erst wenn DREIer wirkliche Liebe erfahren, sind sie in der Lage, sich von ihrem Image zu befreien und wahrhaftig zu werden.

Amerika besitzt aus seiner Geschichte heraus einen calvinistischen Zug, wobei Leistung in der Beziehung zu Gott einen besonders wichtigen Platz einnimmt. Calvin vertrat die Lehre der Prädestination (Die Menschen sind schon vor ihrer Geburt dazu bestimmt, gerettet oder verdammt zu werden); viele frühe amerikanische Christen – vielleicht sogar die Mehrheit – schlossen sich dieser Ansicht an und stützten sich dabei auf einige Aussprüche des Paulus.

Und genau da liegt das Problem. Wenn man als Gesellschaft an die Prädestination glaubt, erhebt sich unweigerlich die Frage:»Gibt es eine Möglichkeit, herauszufinden, ob man zu den Vorbestimmten, den Erwählten gehört?« Allmählich gelangte man im ganzen Land zu der Überzeugung, dass irdischer Reichtum ein Zeichen von Gottes Segen sei. Noch immer bezeichnen wir den Wohlstand als göttlichen Segen (häufig ohne uns darum zu kümmern, wie er entstanden ist). Als DREIer-Gesellschaft gehen wir Amerikaner davon aus, dass arme Menschen moralisch minderwertig sind. Wenn Sie das nicht glauben wollen, bieten Sie doch einmal zwei Empfehlungsbriefe für einen Studien- oder Arbeitsplatz an: Einen von ihrem Bankier und einen von einem Obdachlosen, um den Sie sich kümmern. Sie werden schnell merken, welcher zugkräftiger ist. Oder bewerben Sie sich mit Unterstützung einer der beiden Gruppen um ein öffentliches Amt. Oder erwähnen Sie ihre Namen und »Berufe« bei den Eltern des Mannes oder der Frau, um die Sie sich bemühen. Egal in welchem Zusammenhang – das Prinzip funktioniert immer: Reichtum zeigt, dass Gott dich liebt oder dass du gut bist, was auf das Gleiche hinausläuft.

Bezeichnenderweise sind die Bedürfnisse, die unreife DREIer entwickeln, grenzenlos. Sie bekommen nie genug von dem, was sie eigentlich nicht wollen. Wenn sie reich sind, müssen sie ihr Geld investieren, um reicher zu werden. Ganze Industrien wurden nach diesem Prinzip aufgebaut. *John Paul Getty*, dessen Name zum Synonym für märchenhaften Reichtum geworden ist, hatte in seinen Häusern Münztelefone installiert, die auch seine Freunde benutzen mussten, und vertraute einem Journalisten bei einem Interview an, dass er sich immer arm gefühlt habe, weil er sich als Einzelner mit reicheren Konzernen messen musste. Er fühlte sich tatsächlich arm – aber der Grund waren nicht die Konzerne. Wenn man hingegen wahre Liebe kennen lernt, reicht es völlig, sich dieser Erfahrung hinzugeben.

Die Erfolgsabhängigkeit der DREI ist nicht nur auf Geld beschränkt. In der Gesellschaft zur Zeit Jesu maß man den Erfolg eher am Prestige als am Reichtum. Ein klassisches Beispiel dafür ist die Mutter der Söhne des Zebedäus, die mit ihnen zu Jesus kommt und ihn bittet:

… Versprich, dass meine beiden Söhne in deinem Reich rechts und links neben dir sitzen dürfen. Jesus erwiderte: Ihr wisst nicht, um was ihr bittet. Könnt ihr den Kelch trinken, den ich trinken werde? Sie sagten zu ihm: Wir können es. Da antwortete er ihnen: Ihr werdet meinen Kelch trinken; doch den Platz zu meiner Rechten und zu meiner Linken habe nicht ich zu vergeben; dort werden die sitzen, für die mein Vater diese Plätze bestimmt hat. Als die zehn anderen Jünger das hörten, wurden sie sehr ärgerlich über die beiden Brüder. Da rief Jesus sie zu sich und sagte: Ihr wisst, dass die Herrscher ihre Völker unterdrücken und die Mächtigen ihre Macht über die Menschen missbrauchen. Bei euch soll es nicht so sein, sondern wer bei euch groß sein will, der soll euer Diener sein, und wer bei euch der Erste sein will, soll euer Sklave sein. Denn auch der Menschensohn ist nicht gekommen, um sich dienen zu lassen, sondern um zu dienen und sein Leben hinzugeben als Lösegeld für viele. (Matthäus 20,21–28)

Wie die Söhne des Zebedäus und ihre Mutter setzen DREIer alles daran, die Nummer Eins zu sein. In Amerika heißt das heute: Überstunden bis zum Umfallen, teure Kleidung und Autos, gutes Aussehen – Symbole des Erfolgs. Die Enneagramm-Energie ist normalerweise symbolisch zu verstehen; in diesem Fall jedoch manifestiert sie sich im sozialen Umfeld ganz handgreiflich. Das Gleichnis, in dem es darum geht, »Größe« zu erreichen, soll die Denkmuster dieses Enneagramm-Typs durchbrechen. Natürlich »funktioniert« es nicht, der Erste zu werden, indem man der Letzte ist oder sich als Diener verdingt. Versuchen Sie es! Versuchen sie weltlichen Ruhm und Geld zu verdienen, indem sie anderen dienen. Wie soll das gehen? Wenn man das wörtlich nimmt, setzt man es außer Kraft. Ebenso gut könnte man versuchen, zur Auferstehung zu gelangen, indem man sich selbst umbringt.

Wenn man jedoch die Dynamik der Aussage auf sich wirken lässt – dass man den Dienst am anderen ebenso hoch schätzen soll wie den Sieg über ihn – kann man seine Werte, Energien und Perspektiven neu ordnen. Die menschliche Gesellschaft ist immer auf die eine oder andere Weise strukturiert – und aus der Perspektive Jesu heraus ist sie immer *falsch* strukturiert! Deshalb ist seine Umwidmung der Werte *immer* gültig und zwingt uns immer neu zu spirituellem Wachstum. Das erschwert den Erfolg: Der Erfolg von heute verhindert die Weiterentwicklung von morgen. Man sagt in Amerika: »Gegen Erfolg gibt's keine Argumente.« Doch DREIer müssen wissen, dass Jesus die ganze Zeit genau dagegen ankämpft.

Sie können von Glück sagen, wenn Sie noch nie von DSM-IV

gehört haben. Das IV bezieht sich auf Band 4, und DSM bedeutet *Diagnostic and Statistical Manual* (Handbuch für Diagnostik und Statistik). Es ist ein dickes Buch, in dem die psychischen Krankheiten nach häufig auftretenden Fehlfunktionen klassifiziert sind. Amerikanische Therapeuten müssen in ihrer Rechnung für die Krankenversicherung die jeweilige DSM-IV-Klassifikation ihres Patienten angeben.

Alle Enneagramm-Typen haben ein Äquivalent im DSM-IV-Katalog, mit dem sich ihre pathologischen Formen mehr oder weniger decken. Kranke ZWEIer gelten als »hysterisch«, SIEBENer als »manisch-depressiv« und so weiter. Die DREIer sind die einzigen im Enneagramm, für deren pathologische Zustände das DSM kein Äquivalent bereit hält.

Der Grund dafür ist wohl darin zu suchen, dass Amerika als Ganzes ein DREIer-Land ist. Länder, Familien, Konzerne und Kirchengemeinden – jede einigermaßen stabile Gruppe – entwickeln einen deutlich erkennbaren Enneagramm-Typ. Die Vereinigten Staaten weisen eine so starke DREIer-Trance auf, dass es schwer ist, die Trance des DREIer-Individuums vor diesem Hintergrund überhaupt noch zu bemerken. Das DREIer-Verhalten ist der kollektive Schutzschild der Vereinigten Staaten.

Jesus erzählt ein Gleichnis, das mit dem *American Way of Life* ebenso abrechnet wie mit dem Verhalten der individuellen DREI:

> Denn mit dem Himmelreich ist es wie mit einem Gutsbesitzer, der früh am Morgen sein Haus verließ, um Arbeiter für seinen Weinberg anzuwerben. Er einigte sich mit den Arbeitern auf einen Denar für den Tag und schickte sie in seinen Weinberg. Um die dritte Stunde ging er wieder auf den Markt und sah andere dastehen, die keine Arbeit hatten. Er sagte zu ihnen: Geht auch ihr in meinen Weinberg! Ich werde euch geben, was recht ist. Und sie gingen. Um die sechste und um die neunte Stunde ging der Gutsherr wieder auf den Markt und machte es ebenso. Als er um die elfte Stunde noch einmal hinging, traf er wieder einige, die dort herumstanden. Er sagte zu ihnen: Was steht ihr hier den ganzen Tag untätig herum? Sie antworteten: Niemand hat uns angeworben. Da sagte er zu ihnen: Geht auch ihr in meinen Weinberg! Als es nun Abend geworden war, sagte der Besitzer des Weinbergs zu seinem Verwalter: Ruf die Arbeiter, und zahl ihnen den Lohn aus, angefangen bei den letzten, bis

hin zu den ersten. Da kamen die Männer, die er um die elfte Stunde angeworben hatte, und jeder erhielt einen Denar. Als dann die ersten an der Reihe waren, glaubten sie, mehr zu bekommen. Aber auch sie erhielten nur einen Denar. Da begannen sie, über den Gutsherrn zu murren, und sagten: Diese letzten haben nur eine Stunde gearbeitet, und du hast sie uns gleichgestellt; wir aber haben den ganzen Tag über die Last der Arbeit und die Hitze ertragen. Da erwiderte er einem von ihnen: Mein Freund, dir geschieht kein Unrecht. Hast du nicht einen Denar mit mir vereinbart? Nimm dein Geld und geh! Ich will dem letzten ebenso viel geben wie dir. Darf ich mit dem, was mir gehört, nicht tun, was ich will? Oder bist du neidisch, weil ich (zu anderen) gütig bin? So werden die Letzten die Ersten sein und die Ersten die Letzten. (Matthäus 20,1–16)

Die juristische Argumentation am Ende leuchtet ein. Unser göttlicher Vater kann großzügig sein, wann immer er will. Die Gewerkschaften allerdings würden eine solche Beschäftigungspraxis wohl kaum als fair empfinden. Dieses biblische Gleichnis zieht besonders viel Kritik auf sich, denn viele Menschen betrachten die Gleichnisse als mystische Aussprüche oder moralische Verhaltensvorschriften. Hier aber geht es um Geld und Löhne, und darüber wissen wir in den Industriestaaten alles. Deshalb fühlen wir uns berechtigt, uns hier einzumischen. Genauer gesagt: Wir wagen unsere Stimme zu erheben, weil wir *wissen*, was in diesem Bereich richtig ist, weil wir uns auf einen gesellschaftlichen Konsens stützen. Wir streiten uns untereinander über vieles, und wenn ausnahmsweise einmal in der ganzen Gesellschaft über ein Thema Einigkeit herrscht, dann müssen wir doch im Recht sein.

Das Gleichnis bietet jedem einen Zugang zum Himmelreich, egal, wie lange er auf dem Feld gearbeitet und was er dabei geleistet hat. Deshalb ist das Gleichnis so wichtig für DREIer. Sie hängen einer persönlichen Überzeugung an, die schon vor Jahrhunderten als Häresie verurteilt wurde – dem Pelagianismus, der bereits im vorigen Kapitel erwähnt wurde. Er wurde nach dem Mönch *Pelagius* benannt, der die Lehre verbreitete, dass wir uns selbst ohne die Hilfe der Gnade vervollkommnen könnten. Pelagius glaubte an eine sehr enge Beziehung zwischen moralischem Handeln und Gottgefälligkeit.

Das Gleichnis entknotet jenes Paket ungesunder Glaubensgrundsätze, die die amerikanische Gesellschaft und viele individuelle

DREIer mit sich herumschleppen. Der oberste und destruktivste von ihnen ist, dass wir Gott nicht gefallen, solange wir nichts für ihn tun, dass also Gottes Liebe etwas ist, das wir uns verdienen müssen.

Wenn Kinder so etwas hören, glauben sie, dass sie nichts wert sind, solange sie sich nicht die Liebe ihrer Eltern verdienen, und dass sie nur in dem Maße geliebt werden, in dem sie anderen Menschen nützlich sind.

DREIer beziehen aus diesem Glauben eine große gesellschaftliche Energie, denn wenn das (Liebes-)Leben eines Menschen von seinen Leistungen abhängt, gibt er sich natürlich besondere Mühe. Aber dafür muss er einen hohen spirituellen Preis bezahlen. Weil DREIer so leistungsabhängig sind, verkaufen sie ihre Seelen denen, die Leistungen bewerten, belohnen und definieren.

DREIer bringen ihre Seele zum Schweigen, um für die Anforderungen eines Hochleistungslebens gerüstet zu sein. Ihr Innerstes, das niemand belohnt oder bewertet, das aber für die Charakterfestigkeit wichtig ist, verkümmert.

Ein anderes Problem, das die DREIer betrifft, ist die Vergebung. Um die Wirtschaft in Gang zu halten, muss es eine allgemein anerkannte Rechtsprechung geben, und dabei geht es nicht um Gnade und Barmherzigkeit. Sie betrachtet das Verhalten der Menschen und wendet auf alle die selben objektiven Standards an. In diesem Zusammenhang spielt die Vergebung natürlich keine Rolle. Die Polizei vergibt Räubern nicht, ebenso wenig wie die Opfer es tun. Kaufleute streichen nur selten die Schulden, die man bei ihnen hat anschreiben lassen. Überall um uns herum hören wir Sprüche wie: »Wenn wir den Müttern, die Sozialhilfe beziehen, mehr Geld geben, werden sie nur noch mehr Kinder bekommen, um an das Geld heranzukommen.« Beachten Sie die gesellschaftliche (zutiefst unchristliche) Voraussetzung, von der solche Stammtischparolen ausgehen: »SozialhilfeempfängerInnen gelten als schlecht, bis sie gute Dinge tun, die beweisen, dass sie gut sind.« Und unterschwellig kann man aus dem blasierten Tonfall heraushören: »Ich bin LeistungsträgerIn, deshalb bin ich gut, und sie sollten so sein wie ich.« Je reicher und erfolgreicher – und je stärker in ihrer Trance verfangen – eine DREI ist, desto klarer tritt diese Überzeugung zutage.

Viele DREIer fühlen sich vom Konkurrenzkampf unter Druck gesetzt. Die in Amerika vorherrschende Grausamkeit gegenüber Menschen, die irgendwie versagt haben, basiert auf der DREIer-Weltsicht, dass Erfolg der eigentliche Sinn des Lebens sei. Wenn man in irgendeiner Hinsicht die Nummer Eins ist, hat man einen gewissen Wert. Nehmen Sie die seltsame Popularität des *Guinness-Buchs der Rekorde* und die ungeheuren Anstrengungen, die Menschen auf sich nehmen, nur um ihren Namen dort lesen zu können. Dieses Buch gibt jenen Menschen Bestätigung, die sich in allem, was sie tun, als Konkurrenten anderer verstehen.

Wettbewerb ist letztendlich unmenschlich. Die Nummer Eins ist man immer nur für eine Spielzeit, und nur eine Mannschaft von Dutzenden kann die Nummer Eins sein. Alle anderen werden sofort vergessen. In Amerika kann auch eine Silbermedaille zwei Seiten haben:»Mit nur ein bisschen mehr Glück (etwas mehr Training, einem besseren Trainer oder sonst irgendetwas) hätte ich Gold gewinnen können.« Einige wenige Athleten können sich sicher auch über ihre Silbermedaille freuen, aber das sind wahrscheinlich keine Dreier.

Für die in ihrer Trance gefangene Drei wird Wettbewerb groß geschrieben. Der Preis wird von anderen verliehen; für alle gelten die gleichen Regeln: Egal, ob man Vorteile hat oder nicht, nur der Erfolg wird belohnt, nicht die Anstrengung, die Integrität oder das Durchhaltevermögen. Mitleid für den Verlierer ist nicht üblich.»The Winner takes it all« lautet die Umschreibung für die gesellschaftliche Barbarei, die in unserem Schulsystem gelehrt und eingeübt und im Profisport perfektioniert wird. Wir geben ein Vermögen für begabte Athleten aus und achten dabei kaum auf ihre körperliche Gesundheit. Wenn man nicht konkurrieren kann, ist man schnell aus dem Rennen.

Besonders destruktiv verhalten sich dabei jene TrainerInnen, LehrerInnen und MedienvertreterInnen, für die Sport»mehr als ein Spiel – ein Lebensstil« ist. Leider haben sie völlig recht. Und diese Art von Spiel ist die Trance des Dreiers. Hier ist der Erste auch wirklich der Erste, doch im Reich Gottes soll der Letzte der Erste und der Erste der Letzte sein. Dieses Paradox macht auf den ersten Blick keinen Sinn, denn wenn man es wörtlich nehmen würde, müsste man einfach nur versagen, um Erfolg zu haben. Das sieht zunächst einmal einfach aus, aber sobald man das tut, ist man abermals im Paradox gefangen. Eine wunderbare Zwickmühle für Dreier.

Auf einer tieferen Ebene erklärt Jesus hier, dass es keinen Ersten und keinen Letzten gibt. Gott liebt uns alle bedingungslos und niemanden mehr als den anderen. Wettbewerb setzt Vergleich voraus, aber Gott hat uns als Individuen geschaffen, damit es keinen

Anlass für einen Vergleich gibt. Wir können gewisse Aufgaben oder Fähigkeiten vergleichbar machen; aber wenn man sich miteinander konkurrierende Gebete oder konkurrierendes Mitleid vorstellt, erkennt man, dass die wesentlichen Dinge im Leben keinen Wettbewerb zulassen. Jesus drängt uns, diese wesentlichen Dinge zu erkennen und uns mit diesen tieferen Wahrheiten zu befassen.

Nicht zufällig behandelt gerade Amerika seine Armen so schäbig, verurteilt mehr Arme als jeder andere Staat zum Tode (nur arme Kriminelle erleiden die Todesstrafe, reiche nicht) und rühmt sich seiner Vollzugsanstalten als der »am schnellsten wachsenden Dienstleistungssparte Amerikas«. Wenn der Wert einer Person sich nach ihrer Leistung bemisst, ist Vergebung undenkbar.

Deshalb ist das Gleichnis so bedrohlich für das Denken der DREIer. Hier spielen objektive Standards keine Rolle; diese Leute lungern den ganzen Tag herum, ohne Lohn einzubüßen, und bessere (oder zumindest längere) Arbeit wird nicht belohnt.

In vielerlei Hinsicht strengen sich DREIer zu sehr an. Sie arbeiten zu hart. Wenn etwas nicht funktioniert, setzen sie einfach noch mehr Kraft ein.

Die Amerikaner sind wegen der überlegenen Leistungen japanischer Firmen so besorgt, dass einige Politiker und Bildungsexperten den Kindern die Ferien streichen wollen. In Amerika bekommen die Arbeiter eine oder zwei Wochen Urlaub im Jahr, vielleicht drei, wenn sie auf die Rente zugehen, während in Europa fünf oder sechs Wochen die Norm sind. Mehrere Untersuchungen haben ergeben, dass Schlafmangel in den Vereinigten Staaten ein nicht zu unterschätzendes Gesundheitsproblem ist. DREIer sind (wie Amerika als Ganzes) Workaholics. Das Gleichnis greift das System an, das Workaholics belohnt und so viele Menschen krank macht.

Die früheste Form, sich Gottes Liebe zu verdienen, war nach Darstellung des Alten Testaments das Opfer. KatholikInnen, die gewohnt sind, die Eucharistie als Opfer aufzufassen, denken freilich kaum noch an traditionelle Opferformen. Es begann einst mit Menschenopfern, die allmählich in Tieropfer im Tempel übergingen. Um den Tempel herum entstand eine ganze Kultur. Er war der Dreh- und Angelpunkt des jüdischen Lebens. Dass Jesus bei mehreren Gelegenheiten das ganze Tempelsystem angriff, sagt uns heute nicht mehr viel, aber die seinem Verhalten zugrunde liegende Dynamik ist immer noch wichtig.

Die Vorstellung, dass die Menschen sich durch Opfer die Liebe

Gottes verdienen können, ist im Alten Testament allgegenwärtig und beherrschte auch die heidnischen Religionen der Zeit. Auch heute noch ist sie Bestandteil der Volksfrömmigkeit und blüht manchmal noch in unserer Liturgie auf. In der Fastenzeit »opfern wir unsere liebsten Gewohnheiten«. So etwas hört man immer wieder. Viele finden das gut, weil es uns das Gefühl verleiht, Gott müsse uns doch jetzt eigentlich lieben. Unsere Anstrengungen müssen doch auf jeden Fall etwas bewirken! Die DREIer vertreten diese Vorstellung und machen sie gesellschaftsfähig. Wenn wir alle das Richtige tun, werden Gott und die Menschheit uns lieben *müssen*. Und je härter wir arbeiten, desto besser, denn desto mehr Liebe werden wir uns verdienen. Liebe ist eine mühsame Sache für DREIer. *William James*, der berühmte amerikanische Psychologe, konnte seinen typisch amerikanischen DREIer-Glauben nicht ablegen und definierte Religion als »das mühsame Leben«.

In Jesu Augen waren es die Pharisäer, die das Leben der Menschen (aus mehreren für die DREI wichtigen Gründen) mühsam machten. Er erklärt seinen Jüngern:

> Sie schnüren schwere Lasten zusammen und legen sie den Menschen auf die Schultern, wollen selber aber keinen Finger rühren, um die Lasten zu tragen. Alles, was sie tun, tun sie nur, damit die Menschen es sehen ... (Matthäus 23,4–5)

»Damit die Menschen es sehen« ist die große Versuchung für die DREIer. Man vergleiche diese Haltung mit den Worten Jesu an seine Anhänger:

> Kommt alle zu mir, die ihr euch plagt und schwere Lasten zu tragen habt. Ich werde euch Ruhe verschaffen. Nehmt mein Joch auf euch und lernt von mir; denn ich bin gütig und von Herzen demütig; so werdet ihr Ruhe finden für eure Seele. Denn mein Joch drückt nicht, und meine Last ist leicht. (Matthäus 11,28–30)

Dieses Paradoxon passt nicht ins Weltbild der DREIer. Wie kann ein Joch so leicht sein, dass es nicht drückt? Man schultert ein Joch schließlich, um ein Feld zu pflügen oder Wasser zu tragen. Und seit wann ist eine Last leicht? Wenn sie leicht ist, ist sie keine Last. Was sollen DREIer tun, wenn das Leben leicht ist? Wenn Leistung Liebe ist, ist ein leichtes Leben ein Leben ohne Liebe. Die Austauschbarkeit von Liebe und Arbeit wirkt sich im Leben von DREIer-Workaholics besonders grausam aus.

Wenn etwas aus der Erfahrung der Liebe, aus einer seelischen Geborgenheit heraus geschieht, ist es leicht. Wem Liebe ein zu großes Wort ist, der betrachte einmal eine Gruppe von Jungen, die Ball spielen wollen. Sie wollen sich anstrengen, weil sie das Spiel lieben. Ein Musiker spielt ein schwieriges Musikstück, er arbeitet es nicht ab. Alles, was man aus Liebe heraus tut, ist leicht, egal, wie viel Anstrengung es kostet. Ohne Liebe ist alles nur Arbeit. Für DREIer jedoch, bei denen die Liebe von der Leistungsfähigkeit abhängt, ist Arbeit eine Investition, keine Übung zur Vervollkommnung.

Je sichtbarer und lohnender ihre Aufgaben sind, desto mehr sind DREIer geneigt, Erfolg mit Gottgefälligkeit gleichzusetzen. Doch Jesus kam zu den Sündern, nicht zu den Gerechten, das heißt, Gottes Liebe umfasst alle, die sie zulassen. Wer Bedürfnisse zugibt, wer ehrlich zu sich selbst ist, wird eher bereit sein, diese Liebe zuzulassen. Ein positiver Aspekt des Enneagramms ist, dass es jedem und jeder von uns seine spezifische Sünde offenlegt und uns damit in eine hervorragende Ausgangsposition versetzt, uns der Gnade Gottes zu öffnen.

Das Opfer, das in vielen religiösen Erfahrungen eine zentrale Rolle spielt, ist eine mächtige und gefährliche Tradition. Es wird ungeheuer wichtig, wenn es darum geht, göttliche Gunst für sich zu gewinnen, sie zu kontrollieren oder sogar zu manipulieren. DREIer bringen ihre Zeit und Anstrengung als Opfer dar, um menschliche wie göttliche Liebe zu erlangen. Opfer sind gefährlich, weil sie jede Beziehung, zwischen Menschen wie auch zwischen Mensch und Gott, unterminieren. Eltern opfern viel für ihre Kinder, aber das geschieht aus einem Gefühl der Fürsorge und Liebe heraus, nicht, um ihre Zuneigung zu gewinnen. Wenn sie es tun, um die Zuneigung ihrer Kinder zu gewinnen, ihr Opfer also praktisch als Investition betrachten, dann zerstört das die Beziehung. Eltern sind oft überrascht, dass Kinder undankbar oder sogar feindselig reagieren, wenn sie sie an die eigenen Opfer erinnern.

Wenn die Kinder Opfer bringen, um das Wohlwollen ihrer Eltern zu erlangen, wirkt das noch zerstörender. Dieses Denken ist Bestandteil früher Religionen, Teil der Strukturen, die Jesus in der Tradition der alttestamentlichen Propheten aufbrechen wollte: »Barmherzigkeit will ich, nicht Opfer.« (Hosea 6,6; Matth. 9,13 ...)

Die Rastlosigkeit der DREI muss mit Hilfe von Stille und Kontemplation ins Gleichgewicht gebracht werden. Vor allem für die DREI bedeutet Kontemplation ein Ruhen im Bewusstsein der bedingungslosen Liebe Gottes.

Psalm 51 verbindet besonders schön die Vergebung mit einer gegen das Opfer gerichteten Einstellung. Der Psalmist beginnt mit der Bitte um Vergebung und der Anerkennung seiner Sünden:

Gott, sei mir gnädig nach deiner Huld ...

Beachten Sie, dass die Gnade der Huld oder Liebe Gottes entspringt, nicht der menschlichen Anstrengung. Der Psalmist fährt fort:

Denn ich erkenne meine bösen Taten, meine Sünde steht mir immer vor Augen. Gegen dich allein habe ich gesündigt, ich habe getan, was dir missfällt.

Die wunderschöne reumütige Dichtung fährt in diesem Sinne fort, doch plötzlich, für uns vielleicht überraschend, erklart der Psalmist in den Versen 18 und 19:

Schlachtopfer willst du nicht, ich würde sie dir geben; an Brandopfern hast du kein Gefallen. Das Opfer, das Gott gefällt, ist ein zerknirschter Geist; ein zerbrochenes und zerschlagenes Herz wirst du, Gott, nicht verschmähen.

(In den letzten beiden Versen geht es dann um die Wiedereinsetzung des »rechten« Opfers – das sind spätere Zusätze, die den Psalm für die Priester, die ihren Lebensunterhalt von Opfergaben bestritten, akzeptabler machen sollten.)

Das Muster von Vergebung und anschließendem Wohlverhalten zieht sich durch das ganze Wirken Jesu. Er fordert nie etwas, bevor er vergibt, sondern immer erst danach (wenn überhaupt). Die DREI geht von dem umgekehrten Schema aus, dass man erst Gutes tun muss, bevor einem vergeben werden kann. Jesu Ausspruch in Matthäus 9,13: »Ich bin gekommen, die Sünder zu rufen und nicht die Gerechten« überlesen DREIer als eine mysteriöse, unglaubwürdige Übertreibung.

DREIer können bei ihren Bemühungen, die Erwartungen anderer zu erfüllen, ihr eigenes Selbst verlieren. Es ist, als liege ihr Schwerpunkt außerhalb ihrer selbst: »Ich bin der, den die anderen in mir sehen.« Sie wenden die Technik des Mimikry an, übernehmen den Stil, das Benehmen, die Überzeugungen und Haltungen gesellschaftlich wichtiger Leute, um ein Pseudo-Selbst zu entwickeln.

Weil DREIer regelrecht abhängig sind vom Erfolg und dem System, das den Erfolg zuteilt, haben sie sich einen Glaubenssatz zurechtgelegt, um diesen Erfolg zu erlangen. Er beginnt mit der Überzeugung, dass sie nicht geliebt werden und in einer Welt der Knappheit leben, in der es nicht genug Liebe gibt (Das Gesetz von Angebot und Nachfrage beruht auf demselben Glauben; DREIer durchschauen wirtschaftliche Abläufe und sind oft sehr geschickt im Geldverdienen.) Nachdem eine DREI die Vorstellung aufgegeben hat, dass sie um ihrer selbst willen geliebt werden könnte, arbeitet sie sehr hart, um sich die Liebe ihrer Eltern, Lehrer, Chefs und die Liebe Gottes zu verdienen. Sie arbeitet hart für etwas, das wie Liebe aussieht, es in Wirklichkeit jedoch gar nicht ist. Wenn man einer DREI sagt, dass sie geliebt wird, kann sie es nicht richtig glauben und redet sich selbst ein: »Sie sind auf meine Show, auf mein Image hereingefallen.«

Die Evangelien betonen das *Sein* gegenüber dem *Tun*, die Kontemplation gegenüber der Aktion, die Beachtung des Sabbat gegenüber der Produktivität. DREIer verstehen und akzeptieren den Sabbat (oder Sonntag) nicht als Tag der Ruhe. Sie setzen sich überall in den Vereinigten Staaten (und jetzt auch in Europa) rastlos dafür ein, die Geschäfte am Sonntag zu öffnen oder in Fabriken einen Drei-Schicht-Betrieb einzuführen und die Wirtschaft so am Laufen zu halten. Es gehört zur biblischen Tradition, sich einen Tag frei zu nehmen, um zur Ruhe zu kommen und mit Gott Zwiesprache zu halten, lange genug mit der Arbeit aufzuhören, um beten zu können. Jesus sagt, man solle immer beten. Das kann man nicht buchstäblich nehmen, aber es ist ein deutlicher Hinweis darauf, dass es zu allererst auf den inneren Bezug des Menschen zu Gott ankommt. DREIer haben Probleme mit dieser für sie kryptischen Aussage; dabei sollten gerade sie sich diesen Hinweis zu Herzen nehmen.

Was können DREIer tun?

1) Gönnen Sie sich selbst ein bisschen freie Zeit, denn Sie leisten mehr als genug. Versuchen Sie es mit dem Sonntag. Verwöhnen Sie sich, einfach weil Sie es verdienen.

2) Wie viele von den Menschen, die Sie am meisten lieben, haben sich Ihre Liebe verdient, indem sie etwas für Sie getan haben?

3) Lesen Sie das Lukasevangelium von vorn bis hinten durch. Dann überlegen Sie sich, warum Jesus offenbar eine besondere Zuneigung zu den Armen verspürt. Egal, ob es um wirtschaftliche oder spirituelle Armut geht, auf jeden Fall widerspricht dieses Gefühl Ihrer DREIer-Weltsicht.

4) Beobachten Sie junge Eltern mit ihrem Baby. Wodurch verdient sich das Baby ihre Liebe? Wie alt sind Sie in Gottes Augen? (Bedenken Sie, Gott ist mehr als fünfzehn Milliarden Jahre alt!)

5) Gehen Sie durch eine Einkaufspassage. Achten Sie einmal darauf, wie viele Menschen alt, hässlich, entstellt, unmodisch oder sonst irgendwie unattraktiv sind – in Ihren Augen. Hat Gott so viele Fehler gemacht? Oder geht es hier um eine andere Form der Zuneigung?

Vierer –
Das Universum liebt dich überschwänglich

Während »alle« glauben, dass die Dreier die schönen Menschen seien, halten die wenigen, die ein Auge dafür haben, die Vierer für *wirklich* schön. Das reiche Gefühlsleben der Vierer mit ihrer besonderen Wertschätzung für Schönheit und Theatralik gibt ihnen ein Flair, das wir normalerweise mit Künstlern in Verbindung bringen. Sie sind sensibel und oft hervorragende Ratgeber – wenn sie gesund sind. Sie verdrängen den Seelenschmerz ihres Gegenübers (und ihren eigenen) nicht, sondern stellen sich ihm und können auch dem Leiden einen Wert abgewinnen.

Vierer haben eine weite Gefühlsskala, sie leben die Ekstase ebenso aus wie den seelischen Schiffbruch. Sie führen oft ein stark von der Ästhetik geprägtes Leben, ganz unabhängig von ihren besonderen Begabungen. Sie suchen Sinn in ästhetischen Beschäftigungen und finden ihn dort auch normalerweise. Sie schätzen Originalität und Einzigartigkeit und verwenden viel Zeit und Gefühlsenergie für ihr Streben nach Authentizität. Für eine Vier ist es wichtiger, authentisch und wahrhaftig zu sein, als anderen zu gefallen, egal, wie groß die Autorität dieser anderen ist.

Vierer nehmen ihr Gefühlsleben ernst. Sie können Stunden damit verbringen, ihre Stimmungen und Gefühle zu analysieren und zu verarbeiten. Durch diesen nach innen gerichteten Fokus kann ihre unmittelbare Umgebung für sie sehr wichtig werden, weil sie ihre Stimmung beeinflusst.

Als der Enneagramm-Therapeut *Tom Condon* erklärte, dass Vierer oft das Gefühl hätten, sie seien von einem anderen Stern, hielt ich das für eine treffende, aber stark übertriebene Beschreibung. Vor einem Monat jedoch saß ich mit einem Freund, einem typischen Vierer, gerade beim Mittagessen, als er mich über den Tisch hinweg ansah und ganz spontan sagte: »Ich fühle mich wie von einem anderen Stern!«

Viele VIERer haben besonders stark unter emotionaler Entfremdung gelitten. Sie haben das Gefühl, ihnen fehle etwas, und berichten oft von einer körperlichen oder emotionalen Verlusterfahrung in ihrer Kindheit. Die Folge dieser Erfahrung ist das Gefühl, nirgends richtig hinzugehören, völlig fehl am Platze zu sein und keine Liebe verdient zu haben. Gleichzeitig glauben sie aber auch, dass sie, wenn sie jemals die wahre Liebe finden würden, auf ewig glücklich sein würden.

Wenn sich jedoch jemand in eine VIER verliebt, dann schätzt sie diese Liebe gering, weil sie echter Liebe ja nicht wert zu sein meint. Diese Einstellung prägt auch ihr Verhältnis zu Gott. VIERer haben oft ernste Schuldgefühle und ein sehr schwaches Selbstbewusstsein. Sie identifizieren sich mit dem Hauptmann im Lukasevangelium, der sagt:

... Herr, bemüh dich nicht! Denn ich bin es nicht wert, dass du mein Haus betrittst. (Lukas 7,6)

Mit dem Satz im nächsten Vers allerdings kommen sie nicht so gut zurecht:

Aber sprich nur ein Wort, dann muss mein Diener gesund werden.

Sie wollen nicht wirklich geheilt werden, weil ihre Unwürdigkeit und emotionale Zerrissenheit ein Mittel ist, andere in Beschlag zu nehmen.

Wonach VIERer sich sehnen

Mehr als alles andere im Leben wünschen sich VIERer Liebe in Form einer vollkommenen Beziehung. Sie wollen vollkommen geliebt werden.
Sie haben intensive Gefühle und nähren in sich die Überzeugung, dass sie in einer vollkommenen Beziehung absolut glücklich wären. Damit einher geht der irrationale Glaube, dass sie früher einmal eine solche Beziehung hatten und glücklich verliebt waren.

Wonach sie streben

Die Sünde der VIER ist der Neid. Was weckt diesen Neid? Und warum wollen sie das, was andere haben? Für die VIER ist Neid ein Mittel, diese vollkommene Liebe zu gewinnen. Neid schafft ein Vakuum. Folglich haben sie einen Anspruch darauf, dass jemand kommt und dieses Vakuum füllt. Ihr Schwerpunkt liegt außerhalb ihrer selbst. Andere können Liebe geben; sie selbst nicht. Die anderen müssen sie lieben, damit sie glücklich werden.

Es klingt etwas verwirrend, aber die VIER gibt das Gefühl, etwas wert zu sein und geliebt zu werden, auf, indem sie sagt oder denkt, dass andere haben, was eigentlich ihr zusteht. Nachdem sie dieses Gefühl einmal aufgegeben hat, setzt sie alle Hebel in Bewegung, um es wieder zurückzubekommen. Sie erklärt immer wieder, dass sie es verdient, geliebt zu werden, weil sie bedürftig ist, weil man ihr etwas weggenommen hat, das ihr zustand. Neid schafft ein Vakuum, das Gott und andere vollkommene Liebhaber füllen müssen.

So gibt sich die VIER damit zufrieden, die vollkommene Beziehung zu beanspruchen. Sie stellt quasi einen moralischen Anspruch an das Universum, ihr diese Beziehung zu liefern, und heizt dabei das eigene Gefühlsleben auf, bis ihre Emotionen sie völlig vereinnahmen. Sie kultiviert eine – häufig spirituell geprägte – Authentizität und gibt sich der Vorstellung hin, dass all dies sie einer vollkommenen Liebe würdig machen müsste.

Diese Haltung ist wie gesagt vom Neid geprägt, der ihr das Gefühl gibt, ihr fehle etwas, um die vollkommene Liebe für sich zu gewinnen. Eine VIER versucht oft, diesen Mangel in eine Einzigartigkeit zu verwandeln, in der Hoffnung, ihren Anspruch auf vollkommene Liebe später durchsetzen zu können. Jeder liebende Mensch erzählt einer Person, die er liebt, sie anders sei als alle anderen. VIERer spüren diese Andersartigkeit überdeutlich.

VIERer setzen besonders gern eine bestimmte Form der Manipulation ein: Sie erzählen immer wieder ganz bildhaft und ausführlich davon, wie schrecklich ihr Leben ist, *um sich so Liebe zu erschleichen*. Sie erklären anderen, wie schlecht es ihnen geht, um ihr Mitleid zu erregen, und erwarten dann von ihrem Gegenüber irgendeine Hilfe – wenigstens Bewunderung dafür, wie sensibel die VIERer sich angesichts ihres Leidens verhalten. Ihre Sensibilität verursacht einerseits intensives Leiden, andererseits wird sie gerade da-

durch hervorgerufen. Wir kennen dieses Gejammer auch unter der Bezeichnung »lamentieren«. Persönliches Leiden ist eine Art Auszeichnung, das sie aus der Masse heraushebt. Schmerz öffnet die Tore hinunter in Abgründe, die den normalen, nicht empfindsamen Menschen verborgen bleiben. Schmerz ist ein Anspruch an das Universum und an Gott, seine Liebe endlich auszugießen.
Deshalb lieben viele VIERer die Klagepsalmen. Mehr als ein Drittel der Psalmen sind Klagelieder, und die VIERer schätzen sie besonders. Diese Psalmen entstanden aus dem Gedanken heraus, dass man durch eine Beschwerde bei Gott seine Hilfe herbeirufen könne. Je schlimmer die Situation war, in der man sich befand, desto mehr verdiente man die Hilfe Gottes.
Die Klagepsalmen verzeichnen nicht die moralischen Defizite des Einzelnen. Sie sind keine Sündenbekenntnisse, sondern beschreiben vielmehr, wie schrecklich das Leben ist. Vor dem Hintergrund der Überzeugung, dass Gott die Gerechten schützt, sind die Klagen als ein Protest dagegen zu sehen, dass auch dem Guten Schlimmes widerfährt. Gott kann doch in seiner absoluten Gerechtigkeit nicht zulassen, dass eine solche Situation lange Bestand hat.
Einer der berühmtesten Klagepsalmen, Psalm 22, ist Teil der Karfreitagsliturgie:

> Mein Gott, mein Gott, warum hast du mich verlassen,
> bist fern meinem Schreien, den Worten meiner Klage?
> Mein Gott, ich rufe bei Tag, doch du gibst keine Antwort;
> ich rufe bei Nacht und finde doch keine Ruhe.
> Aber du bist heilig, du thronst über dem Lobpreis Israels.
> Dir haben unsre Väter vertraut,
> sie haben vertraut, und du hast sie gerettet
> Zu dir riefen sie und wurden befreit,
> dir vertrauten sie und wurden nicht zuschanden.
> Ich aber bin ein Wurm und kein Mensch,
> der Leute Spott, vom Volk verachtet
> Alle, die mich sehen, verlachen mich,
> verziehen die Lippen, schütteln den Kopf.
> (Psalm 22,2–8)

Über sechzig Zeilen hinweg beschreibt der Psalmist mit eindrücklichen Worten, wie furchtbar er leidet und wie sehr er hofft, dass Gott ihn erlösen wird.

Das Alte Testament wusste nichts von der Auferstehung und kannte Himmel und Hölle nicht in der Form, wie die Christen sie sich später vorstellten, und deshalb musste die göttliche Gerechtigkeit im Hier und Jetzt in Kraft treten. Im Buch Hiob wird dieser Glaube bis zum Äußersten ausgereizt und schließlich aufgegeben. Es endet mit der Feststellung, dass wir die Wege und den Willen Gottes einfach nicht kennen. Doch die VIER wird weiter lamentieren, bis sie Liebe bekommt.

Die jüdische Kultur weist einige deutliche Charaktermerkmale der VIER auf. Die Klage, der bei den VIERern beliebteste literarische Stil, wurde in den Psalmen zur Kunstform erhoben, und in Jerusalem errichteten die Juden dem Jammer ein Denkmal, die Klagemauer. Bis heute hält sich der Brauch, an der Klagemauer zum Himmel zu schreien und so das tiefe Leiden an der Ungerechtigkeit der Welt auszudrücken, gegen die Gott etwas tun soll.

Wie für alle Enneagramm-Typen steht auch für die VIER die Liebe hoch im Kurs. Wenn es der VIER an Liebe fehlt, gibt sie sich selbst die Schuld daran. Deshalb fühlt sie sich minderwertig und hält sich für jemanden, der auf direktem Weg keine Liebe für sich gewinnen kann. Gleichzeitig tendiert die VIER dazu, auf ein Goldenes Zeitalter zurückzublicken, in dem es Liebe im Überfluss gab (wie es die Bibel für den Garten Eden vor dem Sündenfall beschreibt). Die VIER gibt sich selbst die Schuld an ihrem Mangel an Liebe und redet sich gleichzeitig ein, dass die anderen diese Liebe besitzen, die sie so unendlich vermisst. Ihre Strategie besteht darin, die Melancholie in einen Anspruch zu verwandeln: »Weil es mir so schlecht geht, habe ich das Anrecht auf jeden kleinen Trost, den ich bekommen kann.« Oder: »Das Leben ist so ungerecht, die anderen haben all das, was mir vorenthalten wird.«

Bei vielen VIERern münden das Verlustgefühl und die daraus entstehende Hilflosigkeit in die Unfähigkeit, sich mit der Welt draußen auseinanderzusetzen. Manchmal genügt es ihnen, einfach in immer tiefer empfundenen Gefühlen zu schwelgen. Begabte Künstler und Schriftsteller, die zum VIERer-Typ gehören, erleben in diesen Situationen eine Blockade ihrer schöpferischen Kraft.

Das folgende Gleichnis wirkt sicher wie ein Schock auf Menschen mit einer solchen Weltsicht:

Deswegen sage ich euch: Sorgt euch nicht um euer Leben und darum, dass ihr etwas zu essen habt, noch um euren Leib und darum, dass ihr etwas anzuziehen habt. Ist nicht das Leben wichtiger als die Nahrung und der Leib wichtiger als die Kleidung? Seht euch die Vögel des Himmels an: Sie säen nicht, sie ernten nicht und sammeln keine Vorräte in Scheunen; euer himmlischer Vater ernährt sie. Seid ihr nicht viel mehr wert als sie? Wer von euch kann mit all seiner Sorge sein Leben auch nur um eine kleine Zeitspanne verlängern? Und was sorgt ihr euch um eure Kleidung? Lernt von den Lilien, die auf dem Feld wachsen: Sie arbeiten nicht und spinnen nicht. Doch ich sage euch: Selbst Salomo war in all seiner Pracht nicht gekleidet wie eine von ihnen. Wenn aber Gott schon das Gras so prächtig kleidet, das heute auf dem Feld steht und morgen ins Feuer geworfen wird, wie viel mehr dann euch, ihr Kleingläubigen! (Matthäus 6,25–30)

Dieses Gleichnis untergräbt die Weltsicht der VIERer in mehrfacher Hinsicht. Zunächst einmal beginnt es wie viele von Jesu Gleichnissen über das Reich Gottes mit der Aussage, dass die Welt richtig ist, so wie sie ist. Es erklärt der VIER:»Du hast alles, was du brauchst.« Es geht nicht um Wirtschaftspolitik oder Lebenshilfe, sondern um unser Verständnis der Beziehung zu Gott. Wenn Jesus in Gleichnissen spricht, benutzt er Metaphern des täglichen Lebens, um unsere Beziehung zu Gott zu erklären.

Schon im ersten Satz macht Jesus klar, auf welcher Ebene er spricht. Er sagt:»Sorgt euch nicht um euer Leben.« Das muss doch heißen, dass er über etwas Wichtigeres als das Leben selbst spricht. Aus der Sicht Jesu ist unsere Beziehung zu Gott wichtiger als das Leben. Daran glaubte er, und dafür starb er. Die frühe Kirche legte überaus großen Wert auf das Martyrium, weil sie Jesus glaubte: Das Kommen des Gottesreiches war wichtiger als das Leben.

Der berühmteste Satz der Mystikerin *Juliana von Norwich* lautet: »Alles wird gut werden, alles wird gut werden, alles wird in jeder Hinsicht gut werden!« Wenn man nicht so mystisch veranlagt ist wie Jesus oder Juliana, mag dieser Ausspruch unsinnig klingen. Kinder sterben den Hungertod, Aids breitet sich unaufhaltsam aus, in den Kriegen des vergangenen Jahrhunderts starben 200 Millionen Menschen. Was um alles in der Welt soll das also heißen:»Alles wird gut werden«? Es heißt, dass in einem fundamentalen Sinn alles gut enden wird. MystikerInnen können das nachvollziehen.

Weder die Philosophie noch die Theologie bieten eine rationale Antwort auf das Mysterium des Bösen. Offensichtlich konnten Jesus und Juliana jenseits des Bösen ein anderes, größeres Gut sehen.

Ob wir einfach auf das Mysterium des Lebens vertrauen oder eine konkretere Vorstellung vom Himmel haben, hängt von der Form unseres Glaubens ab.

Es ist jedoch klar, dass den Gleichnissen Jesu eine Vision der Fülle zugrunde liegt, die das jeweilige Weltbild aller Enneagramm-Stile völlig unterminiert. Beim VIERer-Stil geht es darum, dass das Selbst durch die eingeschränkte Weltsicht entwertet wird. Die VIER denkt: »Wenn ich wertvoll wäre, wäre ich nicht verlassen worden. Doch ich bin verlassen worden, also bin ich wertlos.«

Jesus aber sagt:

Seht euch die Vögel des Himmels an ... Seid ihr nicht viel mehr wert als sie? (Matthäus 6,26)

In Jesu Vision vom Gottesreich wird Gott für uns Sorge tragen, weil wir wertvoll sind.

Wenn man das Gleichnis als Wirtschaftsstrategie auffasst, ist es natürlich absurd. Doch auch diese Absurdität hat Unmengen von Menschen nicht davon abgehalten, genau das zu tun. Die Aussage des Gleichnisses, das die Fülle der Vision Jesu enthüllt, lautet, dass es Liebe im Überfluss gibt: Sogar die Pflanzen genießen sie.

Für VIERer ist es wichtig, daran zu glauben, doch normalerweise tun sie es nicht. Statt direkt um das zu bitten, was sie wollen, weil sie wertvoll sind und geliebt werden, planen sie alle möglichen Umwege, um endlich zu erreichen, dass sie wertvoll sind. Sie bekennen, dass sie wertlos sind, und stellen dann Ansprüche, weil sie die einzigen Wertlosen sind. Jeder andere wird geschätzt, nur sie allein werden mit Füßen getreten.

Sünde kann man nicht genießen. Sünde bedrückt uns, und es steht nicht in unserer Macht, allein mit ihr fertig zu werden. Auch die Sünde des Neids bildet da keine Ausnahme, sie drückt uns zu Boden und erhöht gleichzeitig den anderen. Das ist nicht gerecht, und wenn die Situation nicht gerecht ist, wirken direkte Maßnahmen nicht. Deshalb entwickelt die VIER ein völlig verzerrtes Anspruchsdenken.

Die Sünde des Neids löst sich auf, wenn man das Gleichnis akzeptieren kann. Das Gleichnis ist die Vergebung der Sünde. Es sagt, dass der Welt nichts fehlt. Überall gibt es Liebe im Überfluss. Gott liebt die Vögel, die Lilien und das Gras. Das ist ein Zeichen dafür, dass wir alle geliebt werden; niemand ist verlassen. Wir brauchen uns nicht abzumühen, um etwas wiederzugewinnen, das wir, wie wir glauben, verloren haben.

Wenn sie das Gleichnis lesen, wird VIERern klar, dass es ganz und gar nicht mit ihrer Weltsicht übereinstimmt. Sie verspüren Angst, sogar Verzweiflung, wenn es darum geht, genug Geld zu verdienen, irgendetwas in der Welt draußen zu tun, wertvoll zu sein, oder wenn sie einfach nur den Zustand der Welt betrachten. VIERer müssen die tiefe Melancholie, die sie empfinden, mit den Worten Jesu in Einklang bringen, dass sie sich nicht um ihr Leben sorgen sollen. Mütter erklären ihren Kindern immer wieder, dass »alles gut werden wird«. Wir brauchen eine »neue Naivität«, um als Erwachsene die Wahrheit, die in dieser Aussage liegt, wieder zu verstehen.

Gerade die offensichtliche Unsinnigkeit des Gleichnisses, wenn man es wörtlich versteht, macht es so wirkungsvoll. Wenn Jesus uns ein Gleichnis präsentiert und es auf der wörtlichen Ebene keinen Sinn macht, sind wir zu einer abstrakteren Synthese gezwungen. In diesem Fall haben VIERer zu früh mit ihrem Leben abgeschlossen. Wie bei allen Fixierungen haben sie etwas gewählt, das sich als abgeschlossener, sich selbst bestätigender Teufelskreis entpuppt. VIERer sind nicht aus rationalen Gründen in diesen Kreislauf hineingekommen und können ihn ebenso wenig nur aus rationalen Überlegungen heraus wieder verlassen. Der Versuch, sie in einer Diskussion von ihrer Fehleinschätzung zu überzeugen, ist zum Scheitern verurteilt, und alle Versuche, sie aufzumuntern, wirken in ihren Augen gönnerhaft und herablassend und machen sie wütend. Vor allem SIEBENer gehen VIERern auf die Nerven, wenn sie versuchen, ihnen so Mut zu machen. Der Optimismus einer SIEBEN wirkt auf die melancholische VIER platt und naiv.

Jesus legt keinen Wert auf rationale Überzeugung. Er bietet einfach eine andere Lebenseinstellung an und stellt die gläubige VIER damit vor die Wahl: Halte an deiner beschränkten Weltsicht fest und rechtfertige die seltsamen Anstrengungen, die du unternehmen musst, um dir einen Ausgleich für deine Verluste zu schaffen – oder vertraue Jesus über das hinaus, was du sehen kannst, und werde frei. Das Gleichnis fordert Glauben, indem es eine Vorstellung davon anbietet, wie das Leben sein könnte, wenn man daran glaubt, dass man von Gott geliebt wird. Das ist die tiefere Bedeutung des Satzes:

Dann werdet ihr die Wahrheit erkennen, und die Wahrheit wird euch befreien. (Johannes 8,32)

Wie jedes Fixierung hat auch die der VIERer emotionale Höhepunkte, die die wirklichen Gefühle, die das Leben zu bieten hat, in den Schatten stellen. Wir anderen, die wir nicht wissen, wie furchtbar das Leben ist, leben in einem Wolkenkuckucksheim. *Jean-Paul Sartre*, der berühmte französische Existenzialist, sagte, dass mit der Bewusstwerdung auch der Ekel einhergehe. VIERer glauben das. Deshalb setzen die VIERer Ekel und Melancholie mit Authentizität gleich. Das entspricht ihrer inneren Überzeugung. Sie bringen die ganze Intensität ihrer Gefühle ein, um authentisch zu sein, und erkennen nicht, dass das Gefühl der Authentizität ein untergeordnetes Ziel in einem Spiel ist, das sie die Liebe kostet. Eine populäre religiöse Einstellung besagt, dass man nur aufrichtig sein müsse, um wirklich zu glauben. Die selbsttäuschende Komponente der Aufrichtigkeit wird nicht wahrgenommen, wahrscheinlich weil man Aufrichtigkeit auch ohne jeden Bezug zur äußeren Wirklichkeit erlangen kann. Jede Handlung kann aufrichtig wirken. Deshalb ist diese Einstellung gerade für die VIER eine Falle: Sie spricht ihr Bedürfnis nach Authentizität an.

VIERer können das Enneagramm als objektiven Standard nutzen, mit dessen Hilfe man das Verhalten, die Gefühle und die eigenen Ansichten über die Welt und über gesunde Spiritualität einschätzen kann. VIERer brauchen einen objektiven Standard, um nicht in schwammige, emotionale Fantastereien abzurutschen. VIERer mögen das Enneagramm oft sehr, weil sie so feststellen, dass ihre entstellte Welt nicht die Norm ist und dass sie nicht allein in ihr sind. Sobald sie erkennen, dass sie sich eine beschränkte Welt aufgebaut haben, hoffen sie, dass sie diese Welt einreißen können. Die Gleichnisse sind so wirkungsvoll, weil sie eine beschränkte und entstellte Welt einreißen.

Auch Jesus sagte, dass unsere entstellte Welt nicht die Norm ist und dass wir nicht allein sind in ihr. Er legte den Schwerpunkt außerhalb unserer selbst. In den Seligpreisungen sagt er mehrere Male:

Ihr habt gehört, dass zu den Alten gesagt worden ist ... Ich aber sage euch ... (Matthäus 5,21–22)

Doch VIERer sollten die Seligpreisungen mit einer gewissen

Vorsicht lesen. Der Zuspruch für die Trauernden, die Armen vor Gott, die Schwachen ist gewissermaßen eine Versuchung für die VIERer, denn sie haben das Gefühl, dass das Leben ungerecht mit ihnen umgehe, und identifizieren sich gefühlsmäßig mit den Benachteiligten, die alles bekommen werden, was sie brauchen. Sie sind allzu bereit, sich von jemand anderem ihr Leid in Freude verwandeln zu lassen.

Reue bedeutet in diesem Fall, die beschränkte und negative Weltsicht aufzugeben. Es bedeutet, sein bisheriges Glaubenssystem zu hinterfragen, lange bevor es darum geht, ein bestimmtes Verhalten zu ändern. Sie werden feststellen, dass Jesus im Austausch dafür, dass die Fülle des Gottesreiches (in Form von Heilungswundern) in das Leben einzog, immer Glauben verlangte, nicht den Beweis moralischen Wohlverhaltens. Denn die Moral wird aus der Vision der Fülle von selbst entstehen. Menschen sind nicht aus Jux und Tollerei unmoralisch, sondern um in einer Welt, in der ihrer Wahrnehmung nach Knappheit herrscht, zu überleben.

Wenn VIERer moralische Probleme haben, entspringen sie meist ihrem verzerrten Anspruchsdenken. Ihre Sünde, der Neid, gilt in der scholastischen Tradition als Todsünde, aus der sich andere ergeben. Aus dem falschen Anspruchsdenken der VIERer entstehen ihre anderen moralischen Probleme. Man kann sich leicht vorstellen, wie VIERer physische »Tröstungen« für ihre beklagte Trübsal rechtfertigen könnten. Und – sehr viel häufiger – rechtfertigen sie ihre ästhetische Extravaganz dadurch, dass sie mit ihrer Hilfe das Gefühl des Mangels in ihrem Inneren ausgleichen wollen. Sobald durch den Neid Bedürfnisse geschaffen worden sind, ist die Kompensation nicht mehr weit. Die VIERer versuchen, so die Ungerechtigkeiten des Lebens auszugleichen. Und wenn ihr Gebet eine sorgfältig zusammengestellte Litanei dieser Ungerechtigkeiten gewesen ist, meinen sie aus dem Schneider zu sein.

Ungesunde VIERer haben ein sehr starkes Anspruchsdenken, das sie oft in Konflikte bringt.

Auch ein anderes Gleichnis untergräbt die Weltsicht der VIERer:

> Wenn einer von euch einen Sklaven hat, der pflügt oder das Vieh hütet, wird er etwa zu ihm, wenn er vom Feld kommt, sagen: Nimm gleich Platz zum Essen? Wird er nicht vielmehr zu ihm sagen: Mach mir etwas zu essen, gürte dich, und bediene mich; wenn ich gegessen und getrunken habe, kannst auch du

essen und trinken. Bedankt er sich etwa bei dem Sklaven, weil er getan hat, was ihm befohlen wurde? So soll es auch bei euch sein: Wenn ihr alles getan habt, was euch befohlen wurde, sollt ihr sagen: Wir sind unnütze Sklaven; wir haben nur unsere Schuldigkeit getan. (Lukas 17,7–10)

Wie in vielen anderen Gleichnissen geht es auch hier um das Reich Gottes, um Gnade. Egal, wie moralisch gut jemand ist (oder im Fall der VIER, wie emotional authentisch und aufrichtig), er hat keinen Anspruch Gott gegenüber. Man darf keine großen Ehren dafür erwarten, dass man einfach das tut, was einem gesagt wird. Gutes Verhalten hebt uns nur auf die Ebene eines unnützen Sklaven. Das steht im scharfen Gegensatz zum wahren Geschenk der Gnade, die uns zu Kindern Gottes, nicht zu Sklaven macht.

Das ist auch ein Angriff auf den Weg der VIERer, sich Liebe zu verdienen. VIERer können nicht fordern, geliebt zu werden, nur, weil sie es brauchen – ebenso wenig wie DREIer, weil sie erfolgreich sind. Das Gleichnis zerstört jedes spirituelle Machtgefühl.

VIERer haben die Tendenz, sich für etwas Besonderes zu halten. Das Gleichnis, das uns alle als einfache Sklaven definiert, ist ein probates Gegenmittel gegen ihr eitles Getue.

Das jüdische Volk wirkt als Ganzes manchmal ziemlich VIERerhaft, besonders wenn es sich ohne irgendeinen Bezug auf die Herkunft des Wortes einfach als das auserwählte Volk bezeichnet. Viele Juden fühlten sich dazu aufgefordert eine besondere Aufgabe zu übernehmen, vor allem das Wort Gottes, Jahwes, zu verbreiten und zu rühmen, weil sie dem auserwählten Volk angehörten. Doch für die VIERer unter ihnen bedeutete es, dass die Juden etwas Besonderes, sogar etwas Besseres sind. Sie hatten etwas, das niemand sonst besaß, und einige glaubten, dass sie anderen dadurch überlegen seien. Heute tragen viele Christen eine ähnliche Arroganz zur Schau. An solche Menschen wandte sich Johannes der Täufer, als er kam, um Buße zu predigen, und zu seinen Zuhörern sagte:

... und fangt nicht an zu sagen: Wir haben ja Abraham zum Vater ... (Lukas 3,8)

Die Menschen konnten nicht einfach davon ausgehen, etwas Besonderes zu sein, nur weil Abraham ihr Vorfahr war. Das war kein Grund, nicht Buße zu tun. Sie waren einfach wie jeder andere auch (genau das, was die VIER um keinen Preis hören will). Die Umschreibung des Johannes für dieses »wie jeder andere auch« ist allerdings sehr viel poetischer:

> ... Gott kann aus diesen Steinen Kinder Abrahams machen. (Lukas 3,8)

Das zieht allen, die auf ihren Stammvater Abraham bauen, den Boden unter den Füßen weg. Sie werden mit Steinen verglichen! Nicht gerade etwas Besonderes. Diejenigen, die nicht Buße tun wollten und sich dabei auf ihre überlegene Abstammung beriefen, ähneln den ungesunden VIERern, die in der Welt nicht richtig zurecht kommen, weil sie angeblich für höhere Aufgaben geschaffen sind. »Man zieht einen Pflug ja auch nicht mit einem Porsche«, wird eine ungesunde VIER naserümpfend sagen.

So schloss sich der Kreis der jüdischen Geschichte: Gott hatte sie auserwählt, gerade weil sie Sklaven waren, kein Land und keine militärische Macht hatten. Er erwählte sie aufgrund dessen, was sie *nicht* hatten. Und zu Zeiten Jesu glaubten viele Juden, sie seien den Heiden moralisch überlegen. Dieselbe Dynamik greift auch bei den VIERern, denn sie halten sich wegen ihres Defekts für etwas Besonderes und glauben, dass ihr Vakuum, das Gott und der Natur widerspricht, ihnen die Gunst des vollkommenen Liebhabers, ob göttlich oder menschlich, verschaffen und sie zu etwas Besonderem machen wird. Weil sie etwas Besonderes sind, werden sie letztendlich geliebt werden.

Genau diese Fixierung wird durch Johannes den Täufer und seinen Ruf nach Buße radikal in Frage gestellt. Die VIER ist nichts Besonderes, sie wird von Gott bedingungslos geliebt, wie jeder andere auch. Sie braucht auch nicht vorgeben etwas Besonderes zu sein. Sie muss keine Sonderrechte in Anspruch nehmen. Sie muss nur ihre Weltsicht ändern. Und dabei helfen ihr die Gleichnisse.

Jesus selbst zeigt, wie Gleichnisse helfen können. Direkt im Anschluss an eine lange Erklärung des Gleichnisses vom Sämann (der einzigen Erklärung eines Gleichnisses), sagt Jesus, wie wichtig es ist, den Gleichnissen zu lauschen:

> Gebt also Acht, dass ihr richtig zuhört! Denn wer hat, dem wird gegeben; wer aber nicht hat, dem wird auch noch weggenommen, was er zu haben meint. (Lukas 8,18)

Jesu Botschaft ist also, dass wir, wenn wir den Gleichnissen zuhören und sie uns zu Herzen nehmen, mehr und mehr lernen werden. Wenn wir jedoch nur zufällige Zuhörer bleiben und uns keine Mühe geben, ihren tieferen Sinn zu ergründen, werden wir nicht nur unwissend bleiben; sogar die Weisheit, die wir zu haben glauben, wird durch solche Unaufmerksamkeit verwässert. Wir werden in einer schlechteren Situation sein als vor dem ersten Hören der Gleichnisse.

Die Dynamik, die Jesus beschreibt, greift vor allem bei VIERern. Wer es schafft, sich richtig auf die Gleichnisse einzustellen, wird weiser werden. VIERer können, wie in den Klagepsalmen, Forderungen an Gott stellen, weil sie sich der Welt nicht gewachsen fühlen oder hilflos sind. Jesus jedoch fördert Hilflosigkeit nicht. Er heilt die Menschen, damit sie für sich selbst sorgen können; er heilt die Lahmen, damit sie selbst gehen. Jenen, die glauben, gewährt er Heilung. Doch jenen, die einwenden, dass die Dinge unmöglich sind, wirft er vor, keinen Glauben zu haben. Direkt nach dieser Aussage über die Gleichnisse erzählt Lukas die Geschichte von den Jüngern, die sich ängstigen, als ein Sturm aufkommt, während sie in einem Boot auf einem See umhertreiben. Sie geraten in Panik, und Jesus ermahnte sie:

... Wo ist euer Glaube? ... (Lukas 8,25)

Jesus besänftigt den Sturm. Für VIERer ist diese Art Jesu, seine Macht vorzuführen, sehr hilfreich, denn diese Erfahrung wirkt ihrer negativen Einschätzung ihrer Situation entgegen. Sie können mit Vertrauen beten, ohne in jenem Selbstmitleid zu schwelgen, zu dem viele von ihnen neigen.

Was können VIERer tun?

1) Nehmen Sie eine Stunde lang mit dem Rekorder Klagepsalmen auf und hören Sie ihnen zu, bis Sie ein Gefühl für das Übermaß an Emotionalität bekommen, das sich in ihnen äußert.

2) Dankbarkeit Gott und Ihren Freunden gegenüber zeigt Ihren inneren Kern von Gesundheit und Schönheit und verstärkt ihn. Suchen Sie immer wieder nach Dingen, für die Sie dankbar sein können.

3) Schaffen Sie irgendetwas Schönes und meditieren Sie über die Schönheit in Ihnen selbst, die es geschaffen hat.

4) Humor ist eine erlösende Gnadengabe gesunder VIERer. Was können Sie tun, um Ihren Sinn für Humor zu entwickeln und zu genießen?

FÜNFer –
Blick herab vom Elfenbeinturm

Buddha ist das schlagendste Beispiel dafür, dass FÜNFer jenen Menschen zuzurechnen sind, die sich intensiv der Suche nach Weisheit widmen. Sie sind fähig, sich innerlich von ihren Bemühungen zu distanzieren, sie schätzen Wissen und die damit einhergehenden Tugenden und sie besitzen eine gelassene Objektivität, die sie zu guten LehrerInnen, ForscherInnen und AutorInnen macht.

Gesunde FÜNFer planen auf lange Sicht und beachten dabei alle Kleinigkeiten. Sie verwenden viel Aufmerksamkeit auf ihre Innenwelt und werden dadurch oft zu sehr feinfühligen und liebenswürdigen Menschen. Manchmal wirken sie durch ihren überlegten, intellektuellen Zugang zum Leben reifer als ihre Altersgenossen.

Bei seiner Bewerbung um einen College-Platz reichte ein achtzehnjähriger FÜNFer einen Aufsatz mit dem Titel »Der Beobachter« ein. Der erste Satz lautete: »Ich bin unsichtbar.« Als typische, intellektuell geprägte FÜNF hatte er eine klare Vorstellung von seinen eigenen Wünschen, Handlungen und Reaktionen.

FÜNFer brauchen Rückzugsmöglichkeiten wie kleine Tiere, und sie fühlen sich auch ein wenig wie sie. Sie leben in der ständigen Angst, gefressen zu werden. Oft wachsen sie mit der Furcht vor Zudringlichkeiten auf. Manchmal entwickelt sich daraus jedoch auch eine so kraftvolle intellektuelle und fantasievolle Innenwelt, dass sie einfach den Druck von außen ablehnen. Auf jeden Fall stehen sie lieber beobachtend am Rand und nicht so gern im Mittelpunkt des Geschehens.

Die FÜNF ist der intellektuellste Enneagramm-Typ. FÜNFer sind sorgfältige systematische DenkerInnen, die die Welt weiterbringen können, wenn sie einen Weg finden, ihr Wissen mit anderen zu teilen.

Als aufmerksame BeobachterInnen sind FÜNFer oft gute SchriftstellerInnen und ReporterInnen; der Aufenthaltsort ihrer Wahl ist ein Aussichtsturm. Außerdem sind sie gute RatgeberInnen, wenn Vernunft und Objektivität gefragt sind. Erwarten Sie jedoch keine emotionalen Auseinandersetzungen von ihnen.

Die Hauptsünde der FÜNFer ist die Habsucht, aber auch dieses Konzept ist im Enneagramm weiter gefasst als in der scholastischen Tradition. Dort verstand man unter Habsucht das Horten von materiellen Gütern. Im Enneagramm geht es vor allem um das Horten von Zeit und Zuneigung.

Wonach FÜNFer sich sehnen

Die Sünde der Habsucht macht uns klar, was FÜNFer wirklich wollen: reich sein. Das ist ihre Lieblingsmetapher für das Leben im Überfluss, das Jesus versprochen hat. Die erste Voraussetzung für die Spiritualität des Gottesreiches ist, dass wir in einer Welt des Überflusses leben. Jesus sagte, er sei gekommen, um uns Leben in Fülle zu bringen. Weil sie so auf ihren Intellekt konzentriert sind, verwandeln die FÜNFer ihre Sehnsucht in eine Suche nach den Reichtümern des Innenlebens. Sie schaffen sich Rückzugsmöglichkeiten, um ungestört zu denken, und lieben die Fantasie oft mehr als die Wirklichkeit. Wenn das geistige Leben an erster Stelle steht, reicht eine virtuelle Realität oft völlig aus. Sie wollen Leben in Fülle, wie wir anderen auch, aber sie suchen es im Unterschied zu uns in ihren Köpfen.

Viele geistesabwesende ProfessorInnen sind FÜNFer – sie kümmern sich um ihre Innenwelt auf Kosten dessen, was der Rest der Menschheit als Realität bezeichnet. FÜNFer können sehr religiös wirken, denn sie lieben die Kontemplation, und sie haben einen natürlichen Drang zur Askese. Einer ihrer Charakterzüge ist die Bereitschaft, mit möglichst wenig auszukommen. Wenn sie allerdings ungesund sind, versuchen sie möglichst bescheiden zu leben, um von anderen unabhängig zu sein und nicht mit ihnen in Beziehung treten zu müssen.

Wonach sie streben

Statt der Fülle des Lebens geben sie sich auch mit dem zufrieden, was sie in ihre Köpfe aufnehmen können. FÜNFer brauchen oft keine äußerlichen Annehmlichkeiten: gutes Essen, schöne Kleider, schnelle Autos und all das. Aber sie werden jede Mühe auf sich nehmen, um sich möglichst viele Informationen zu beschaffen und ihre Fantasiewelt zu bereichern.

Jede Trance ist eine Fixierung auf einige wenige innere Realitäten unter Ausschluss eines breiteren Lebensspektrums. Die FÜNFer-Trance ist »ein Leben im Elfenbeinturm«. FÜNFer können nur in ihren Gedanken leben und soziale, politische und sogar physische Realitäten lange Zeit ignorieren. Trance ist eine Reaktion auf Angst. FÜNFer haben Angst, überwältigt zu werden, weil sie hypersensibel sind, auch wenn sie vielleicht auf Außenstehende überhaupt nicht so wirken. Und weil sie so sensibel sind, lassen sie sich leicht beeinflussen. Um also ihre feinfühligen Seelen zu schützen, versuchen sie die unterschiedlichen Einflüsse von außen zu meiden.

Ihre Trance konzentriert sich auf den Austausch zwischen der inneren und der äußeren Welt. Sie sind wie ein Wasserbehälter, der seine Zu- und Abflüsse sorgfältig überwachen muss. Oft exerzieren sie durch, was auf sie zukommen könnte, damit sie mit der Erfahrung umgehen können, wenn sie Wirklichkeit wird. Während des Ereignisses verhalten sie sich distanziert und beobachten sich selbst; erst danach rufen sie sich die Erfahrung in die Erinnerung zurück und analysieren sie. In gewisser Weise bekommt die Erfahrung während der Reflexion mehr Realität als während des Geschehens selbst.

Gesunde FÜNFer lieben den Wissensaustausch; sie sind gute LehrerInnen, wenn sie sich vor allem um die Präsentation des Materials und nicht so sehr um die Disziplin und Motivation ihrer Schüler bemühen müssen. Sie versuchen ihre Umgebung zu verstehen, um sich in ihr zurecht zu finden, und arbeiten deshalb oft als ForscherInnen oder JournalistInnen. Der Wissensaustausch kann für sie jedoch auch zu einer sehr zwiespältigen Erfahrung werden. Wenn jemand sein Wissen preisgibt, so gehört es immer noch ihm oder ihr! Deshalb ist dies ein Mitteilen ohne hohen Gefühlseinsatz. Dennoch kann auch diese Art des Teilens sehr gesund sein, weil es den Einsatz von Zeit, Energie und Aufmerksamkeit erfordert – auch das ist ein Einsatz von beträchtlichem emotionalen Wert, vor allem, wenn das Wissen die Zuhörer weiterbringt.

Das Gleichnis

Die deutlichsten Worte Jesu an die Adresse derer, die Schätze horten, bestehen ganz offensichtlich in dem einfachen Verbot:

> Sammelt euch nicht Schätze hier auf der Erde, wo Motte und Wurm sie zerstören und wo Diebe einbrechen und sie stehlen,

sondern sammelt euch Schätze im Himmel, wo weder Motte noch Wurm sie zerstören und keine Diebe einbrechen und sie stehlen. Denn wo dein Schatz ist, da ist auch dein Herz. (Matthäus 6,19–21)

Doch FÜNFer können diesem deutlichen moralischen Befehl ganz leicht aus dem Weg gehen, indem sie sich nicht um wirtschaftliche Belange kümmern und von wenig oder nichts leben. Ihre Trance ist eher auf die Bewahrung als auf den Erwerb ausgerichtet. Sie geben kein Geld aus, und sie streben auch nicht nach hohen Posten, die ihnen das Einkommen bescheren würden, das Diebe anziehen könnte. Dieses Gleichnis kann gefährlich für FÜNFer sein, weil sie sich darin bestärkt fühlen, keine materiellen Dinge aufzuhäufen, die ihnen gestohlen werden könnten, sondern stattdessen Wissen und Informationen zu horten. Ihr Schatz ist ihr reiches geistiges Leben, das nicht auf die übliche Weise gestohlen werden kann.

Ein anderes »Gleichnis«, das Jesus in die Tat umgesetzt hat, die Speisung der Fünftausend, ist ein Ruf, der die FÜNFer aus ihrer Trance erwecken soll:

Als Jesus all das hörte, fuhr er mit dem Boot in eine einsame Gegend, um allein zu sein. Aber die Leute in den Städten hörten davon und gingen ihm zu Fuß nach. Als er ausstieg und die vielen Menschen sah, hatte er Mitleid mit ihnen und heilte die Kranken, die bei ihnen waren. Als es Abend wurde, kamen die Jünger zu ihm und sagten: Der Ort ist abgelegen, und es ist schon spät geworden. Schick doch die Menschen weg, damit sie in die Dörfer gehen und sich etwas zu essen kaufen können. Jesus antwortete: Sie brauchen nicht wegzugehen. Gebt ihr ihnen zu essen! Sie sagten zu ihm: Wir haben nur fünf Brote und zwei Fische bei uns. Darauf antwortete er: Bringt sie her! Dann ordnete er an, die Leute sollten sich ins Gras setzen. Und er nahm die fünf Brote und die zwei Fische, blickte zum Himmel auf, sprach den Lobpreis, brach die Brote und gab sie den Jüngern; die Jünger aber gaben sie den Leuten und alle aßen und wurden satt. Als die Jünger die übriggebliebenen Brotstücke einsammelten, wurden zwölf Körbe voll. Es waren etwa fünftausend Männer, die an dem Mahl teilnahmen, Frauen und Kinder nicht mitgezählt. (Matthäus 14,13–21)

Dieses Ereignis wird oft als Vermehrung der Brote dargestellt – Jesus schafft mehr Brot und Fisch. Doch Jesus weigerte sich, Steine in Brot zu verwandeln, wie weiter vorn im Matthäus-Evangelium (4,3) geschrieben steht. Er kam nicht, um für die Ernährung seiner Anhänger zu sorgen. Eine sehr viel bessere Überschrift für die Geschichte wäre: »Das Brechen des Brotes«. Der erste Teilsatz »Als Jesus all das hörte« bezieht sich auf die unmittelbar vorausgehende Passage. Nachdem er erfahren hat, dass Johannes der Täufer geköpft worden ist, zieht sich Jesus in die Einsamkeit zurück, um zu trauern. Wie eine FÜNF hat er das Bedürfnis, allein zu sein, um mit der Tragödie fertig zu werden. Doch die Menschenmenge lässt ihm nicht die Gelegenheit dazu (FÜNFer haben ständig dieses Gefühl – dass die Menschen zu viel von ihnen fordern).

Jesus darf nicht allein sein. Es ist bedeutsam, dass er mit seiner inneren Trauer umgeht, indem er den Menschen hilft, die zu ihm kommen. Die Jünger kommen in dieser Geschichte ziemlich schlecht weg, weil sie die Menschenmassen wegschicken wollen (obwohl sie selbst Jesus gefolgt sind und bei ihm bleiben möchten).

Matthäus berichtet, dass Jesus fünftausend Männern zu essen gab, Frauen und Kinder nicht gerechnet. Eine Menschenmenge schätzte man damals nach folgendem Muster: Man zählte nur die Männer und nahm die Zahl mal sechs. Diese frauenfeindliche Praxis wird von *Megan McKenna* im Titel ihre Buches *Frauen und Kinder nicht mitgezählt* (Claudius Verlag 1996) aufs Korn genommen. So wurden an diesem Tag draußen in der Einsamkeit also wahrscheinlich um die dreißigtausend Menschen verköstigt.

In den Augen der meisten Wissenschaftler besteht das eigentliche Wunder darin, dass Jesus die Menschen zum Teilen brachte. Frauen machen mit ihren Kindern keine Reise, ohne Essen mitzunehmen. Und in dieser primitiven Zeit, als es noch kein McDonald's gab, trugen die Menschen immer Essen bei sich, wenn sie sich weiter von ihrem Heim entfernten. Wahrscheinlich öffneten sich also hier Tausende von Taschen und Beuteln, und die Wegzehrung der Gläubigen kam zum Vorschein. Hier ein Stück Brot, dort ein paar Feigen – das übliche eben.

Was hier geschieht, steht im genauen Gegensatz zu den Erwartungen und Erfahrungen der FÜNF: Die Menschen teilen, und alle bekommen genug. Die Knappheit an Nahrung, körperlicher wie geistiger, ist die Wahrnehmung, die die FÜNF dazu treibt, ihre Zeit,

Energie und Gefühle zu horten. FÜNFer gehen davon aus, dass andere Menschen ihren Reichtum abschöpfen; das Gleichnis dagegen setzt voraus, dass unsere individuelle Armut durch die Großzügigkeit der anderen aufgehoben wird. FÜNFer sind oft bereit, einsam zu leben, sie ziehen es sogar vor, ein Eremitendasein zu führen wie der Millionär *Howard Hughes*, eine notorische FÜNF, wenn sie dafür die wenigen Dinge bekommen, die sie reich machen.

FÜNFer definieren Reichtum wie typische Kapitalisten: Reichtum ist »das, was ich habe«. Im Gleichnis dagegen ist Reichtum »das, was wir teilen«. In ihrer Trance gefangene FÜNFer denken: Was immer du hast und ich nicht: Ich muss es dir entweder wegnehmen oder mit so wenig wie möglich auskommen, damit mein kleiner Reichtum so lange wie möglich ausreicht.

Das Gefühl der Armut ist emotional eng mit dem Gefühl der Isolation verbunden. Eine FÜNF fühlt das besonders deutlich, weil sie die Isolation als Schutz benutzt und sich immer ärmer fühlt, je stärker sie sich isoliert. Ihre Isolation ist die Quelle ihrer Habsucht. Man kann nicht geben, wenn man das Gefühl hat, nichts zu haben. Der Kapitalismus ist eindeutig von FÜNFer-Haltungen geprägt, und seine Feindschaft gegenüber der Gemeinschaft ist die Sünde der FÜNF, der verzweifelte Versuch, unsichtbar zu bleiben. Die grundlegende Voraussetzung des Kapitalismus ist die Knappheit – das Gesetz von Angebot und Nachfrage. Er basiert auf der Theorie, dass in einer Welt der Knappheit mit dem Sinken des Angebots oder dem Steigen der Nachfrage auch der Preis entsprechend steigt. FÜNFer kennen diese Knappheit als ein sie bedrohendes Gefühl, doch Jesus bestreitet ihre Existenz.

Das zweite Wunder in diesem Gleichnis besteht darin, dass nicht nur Juden Jesus folgen, sondern Menschen ganz unterschiedlicher Abstammung. Dass er die Juden dazu bringt, ihr koscheres Essen herzugeben und unreine Nahrungsmittel zu essen, über wirtschaftliche, religiöse und ethnische Grenzen hinweg zu teilen, ist die Art von Wunder, die einen Eindruck vom Gottesreich vermittelt. Dieses Wunder erteilt der beängstigenden Welt der Bedrohung und Verständnislosigkeit, in der die FÜNF gewöhnlich lebt, eine Absage. In der neuen Welt ist seine zum Selbstschutz gegen die Gesellschaft gerichtete Trance nicht mehr notwendig.

Das Gleichnis hilft der gläubigen FÜNF, weil es Reichtum neu definiert und den Mechanismus deutlich macht, mit dem eine Gemeinschaft die innere Furcht beseitigen kann, die der FÜNF das

Gefühl vermittelt, arm zu sein und nicht teilen zu können. Letztlich heilt die Gemeinschaft die Habsucht.

Wie andere Gleichnisse enthüllt auch dieses die Dynamik des Gottesreiches, in dem alle im Überfluss leben, weil die Menschen sich selbst als Gemeinschaft sehen, nicht als Konkurrenten.

Die FÜNFer haben Probleme mit der ersten fundamentalen Verhaltensweise im Reich Gottes, dem Bilden einer Gemeinschaft. Wenn die Menschen in Gemeinschaft leben, schaffen sie Überfluss. Wenn sie im Wettbewerb zueinander stehen, schaffen sie erst die Knappheit, die sie mit ihrem Kampf gegeneinander dann zu beseitigen versuchen.

Im Vaterunser steht die Bitte um Brot zentral im Mittelpunkt, und Brot bedeutet hier alles, was wir zum Leben brauchen. Das Brot der Dreißigtausend ist ein ähnliches Symbol. Es steht für all das, was man für das von Jesus versprochene Leben in Fülle braucht.

Im Trancezustand vergisst man über der festen Überzeugung, dass man nicht genug hat, die Reserven, die man als Erwachsener besitzt. Eine Trance versetzt den Menschen zurück in das Trauma, unter dem er als Kind gelitten hat, und steuert sein Verhalten von dieser Weltsicht aus. Eine Möglichkeit, die Trance zu verstehen, ist ein unverstellter Blick zurück auf die Armut und Isolation, die man als kleines Kind gefühlt hat. Menschen in Trance leben aus den Gefühlen ihrer Kindheit, aus der Hilf- und Hoffnungslosigkeit heraus, die sie damals erlebten. An einem bestimmten Punkt beschließt eine FÜNF, dass sie mit ihrer inneren Welt allein ist und dass das, was sie hat, alles ist, was sie hat. Noch Jahre später lebt sie aus dieser Erinnerung heraus und ist überzeugt, dass das, was sie damals hatte, alles ist, was sie jetzt hat.

Die Dynamik

Die Dynamik der FÜNF beginnt wie bei allen anderen Enneagramm-Stilen auch mit einer Fehleinschätzung, die sie dazu bringt, das wegzugeben, was sie später mit so viel Energie wieder zu erlangen versuchen. Bei einer FÜNF läuft das etwa folgendermaßen ab: Sie geht fälschlicherweise davon aus, dass »die Menschen immer nur von mir nehmen und nie geben«. Sobald sie – meist relativ früh – von dieser Meinung überzeugt ist, ergibt sich alles andere von selbst. Sie kann nichts oder nur wenig von anderen bekommen, also versucht sie, ihre knappen Ressourcen vor ihnen zu schützen. Es gibt nichts mehr zu holen, also ist sie zufrieden mit dem, was sie hat, und lernt, mit so wenig wie möglich auszukommen. Dabei versucht sie anderen Menschen aus dem Weg zu gehen, um nicht von ihnen ausgenommen zu werden. Von dieser Knappheit der Güter ausgehend versucht die FÜNF, zu horten, was für sie greifbar ist, und isoliert sich von den Menschen, die es vielleicht auf ihren Vorrat abgesehen haben.

Die FÜNF wünscht sich den inneren Reichtum emotionaler Fülle, doch sie hat die Fähigkeit, darum zu bitten, aufgegeben, weil sie »weiß«, dass ihre Bitte abgelehnt werden würde. So setzt sie jetzt all ihre Anstrengungen daran, ihre emotionalen Bedürfnisse zu befriedigen, ohne zu teilen und anderen eine Hand reichen zu müssen. Sie schaltet ihre Gefühle auf möglichst kleine Flamme und kostet in ihrer Erinnerung die wenigen emotionalen Erfahrungen aus, die sie gemacht hat (wie ein Geizhals, der sein Geld immer wieder zählt). Sie sammelt alle möglichen Dinge, statt ihre Sehnsüchte direkt und wirksam in die Tat umzusetzen. Sie hortet, um zu kompensieren, und deshalb hortet sie exzessiv. (Denken Sie an unser Prinzip der Abhängigkeit: Man kriegt nie genug von dem, was man eigentlich nicht will.)

Jesus erzählt ein Gleichnis über einen Mann, der seine Ernte hortet:

> Dann sagte er zu den Leuten: Gebt acht, hütet euch vor jeder Art von Habgier. Denn der Sinn des Lebens besteht nicht darin, dass ein Mensch aufgrund seines großen Vermögens im Überfluss lebt. Und er erzählte ihnen folgendes Beispiel: Auf den Feldern eines reichen Mannes stand eine gute Ernte. Da überlegte er hin und her: Was soll ich tun? Ich weiß nicht, wo ich meine Ernte unterbringen soll. Schließlich sagte er: So will ich es machen: Ich werde meine Scheunen abreißen und größere bauen; dort werde ich mein ganzes Getreide und meine Vorräte unterbringen. Dann kann ich zu mir selber sagen: Nun hast du einen großen Vorrat, der für viele Jahre reicht. Ruh dich aus, iss und trink, und freu dich des Lebens! Da sprach Gott zu ihm: Du Narr! Noch in dieser Nacht wird man dein Leben von dir zurückfordern. Wem wird dann all das gehören, was du angehäuft hast? So geht es jedem, der nur für sich selbst Schätze sammelt, aber vor Gott nicht reich ist. (Lukas 12,15–21)

Mit diesem reichen Mann beschreibt Jesus den typischen Kapitalisten mit der entsprechenden privaten Rentenversicherung.»Ich habe dreißig Jahre lang hart gearbeitet und ein paar Mark gespart, genug, um einigermaßen angenehm zu leben. Ich habe mir das Nichtstun verdient, jetzt gehe ich auf Reisen und genieße meine Rente.« Was soll daran falsch sein? Jesus gibt keine Finanztipps. Wenn er ein Gleichnis anbietet, geht es darin um die Prinzipien des Gottesreiches. Er ist seiner Zeit voraus, wenn er sagt:»Das Leben besteht nicht aus Besitz im Überfluss.« Doch woraus besteht es? Das ist eine wichtige Frage für FÜNFer, denn Habsucht bemisst das Leben nach der Ausgewogenheit des Gebens und Nehmens. Viele FÜNFer führen aus dieser Sorge heraus ein reduziertes Leben.

Für Jesus ist *Leben* weder der traditionelle philosophische Begriff »das Selbstbewegte« noch die Lexikon-Definition:»Die Fähigkeit zu Nahrungsaufnahme, Stoffwechsel und Anpassung an eine Umgebung.« Jesus hat eine andere, organische Definition anzubieten: Wenn du mit Gott vereint bist, bist du am Leben, wenn du von Gott getrennt bist, bist du tot. Das ist die allgemeine biblische Auffassung von Leben. Geschöpfe leben, weil sie mit dem Schöpfer vereint sind. Der überzeugendste Ausdruck dieser Auffassung ist das Gleichnis Jesu vom Weinstock und den Reben. Solange wir mit Gott vereint sind, tragen wir Frucht, weil wir am Leben sind. Sobald wir abgeschnitten werden, sterben wir. (Joh. 15,1–8)

Auch wenn man die Anhäufung von Reichtümern durch die wertvolleren Dinge im Leben – Beziehungen, Werte, Gefühlsreichtum, Hingabe an einen höheren Zweck – ersetzt, behält das Gleichnis in einem psychodynamischen Sinn seine Bedeutung.

Die in ihrer Trance gefangene FÜNF sieht nicht ein, dass diese Aufhäufung nur ein Ersatz ist. In vielen Abhängigkeiten ersetzt ein minderwertiges Gut das, wonach man sich wirklich sehnt. In diesem Fall ist es das Leben. Jesus gelingt es wunderbar, diesen Gegensatz aufzudecken. Wenn die FÜNF das oben wiedergegebene Gleichnis in sich aufnehmen kann, wird sich ihre verzerrte Sicht des Lebens etwas normalisieren.

Aufgrund unserer weltlich geprägten Mentalität erscheint uns vieles in diesem Gleichnis undurchsichtig. Jesus geht wie auch viele einfühlsame moderne Psychologen davon aus, dass wir alle uns im tiefsten Innern nach einer Beziehung zu Gott sehnen. Wir füllen unser Leben mit allen möglichen Dingen, um diese Beziehung zu ersetzen, wenn sie fehlt. Im Fall der FÜNF besteht die Kompensation aus der Gier nach materiellen Dingen, genau wie bei dem reichen Mann im Gleichnis. Alles, was Jesus im Neuen Testament über die Reichen sagt, entspringt offenbar seiner Überzeugung, dass Reichtum die Sehnsucht nach Gott untergräbt. Einmal stellt er ganz nüchtern fest, dass wir nur entweder Gott oder dem Geld dienen können:

> Niemand kann zwei Herren dienen; er wird entweder den einen hassen und den andern lieben, oder er wird zu dem einen halten und den andern verachten. Ihr könnt nicht beiden dienen, Gott und dem Mammon. (Matthäus 6,24)

Die Sünde der Habsucht und das Leben der FÜNFer sind ganz eindeutig geprägt vom Reichtum, der als ein Ersatz für Gott angesehen wird. Ein Leben ohne Gott, ohne einen Blick in die Unendlichkeit, ist beengend und beschränkt. Jesus wendet sich gegen das an sich doch sinnvolle und notwendige Geld, weil es ein Ersatz für unsere Beziehung zu Gott geworden ist. Jede andere Interpretation des Geldes würde eine gegen die Schöpfung gerichtete Haltung voraussetzen, die Jesus aber nirgendwo erkennen lässt. Wenn Gott den Reichtum geschaffen hat und all die Dinge, die der Reichtum mit sich bringt, dann kann Reichtum an sich nichts Schlechtes sein. Schlecht ist nur, dass er den Platz unserer Sehnsucht nach Gott einnehmen kann. Der wichtigste Punkt in diesem Gleichnis ist das Wort »dienen«. Jesus spricht von einer totalen Abhängigkeit.

Sobald wir uns dessen bewusst sind, können wir uns der Gnade weiter öffnen. Wenn wir wissen, dass wir nach Gott suchen, während wir unser Geld zählen, ändert sich unsere Erfahrung des Zählens. Es wird zu einem Bekenntnis und eröffnet uns das Mysterium der Gnade.

Wenn man die FÜNFer als emotionale Kapitalisten beschreibt, ist das ein bisschen ungerecht, denn man berücksichtigt dabei nicht, dass ein sensibles Seelenleben einen gewissen Schutz braucht, doch die Metapher des Kapitalismus beschreibt den emotionalen Austausch, wie die FÜNF ihn sich vorstellt, sehr gut.

FÜNFer legen sehr viel Wert auf Sicherheit, und ein Ziel des Kapitalismus ist es, Sicherheit und Risiko jederzeit in der Waage zu halten. Die häufige Verwendung von Begriffen wie »Versicherung und Sicherheiten« zeigt, wie wichtig ihnen dieser Gedanke ist. Kapitalismus ist die Ausdrucksform einer Weltsicht, der zufolge es nie genug gibt. Das Geheimnis der Gnade im Neuen Testament basiert auf einer genau entgegengesetzten Denkweise. In unserer Beziehung zu Gott haben wir nicht nur immer genug, sondern bekommen es auch ohne Gegenleistung zur Verfügung gestellt und sind verpflichtet, es mit denen zu teilen, denen Gott mehr zu geben versucht. Unsere Grundhaltung ist nicht Bedürftigkeit, sondern Dankbarkeit dafür, dass unsere Bedürfnisse schon befriedigt sind, auch wenn wir es noch nicht wissen. Ein anderes Gleichnis verdeutlicht die Dynamik der Gnade:

> Wenn ihr nur die liebt, die euch lieben, welchen Dank erwartet ihr dafür? Auch die Sünder lieben die, von denen sie geliebt werden. Und wenn ihr nur denen Gutes tut, die euch Gutes tun, welchen Dank erwartet ihr dafür? Das tun auch die Sünder. Und wenn ihr nur denen etwas leiht, von denen ihr es zurückzubekommen hofft, welchen Dank erwartet ihr dafür? Auch die Sünder leihen Sündern in der Hoffnung, alles zurückzubekommen. Ihr aber sollt eure Feinde lieben und sollt Gutes tun und leihen, auch wo ihr nichts dafür erhoffen könnt. Dann wird euer Lohn groß sein, und ihr werdet Söhne des Höchsten sein; denn auch er ist gütig gegen die Undankbaren und Bösen. Seid barmherzig, wie es auch euer Vater ist! (Lukas 6,32–36)

Jesus benutzt hier Metaphern aus dem Bereich des Geldes, um den emotionalen Kapitalismus der FÜNF anzusprechen. Kein Kapitalist und keine habgierige FÜNF würde ohne eine Hoffnung auf Rückzahlung Geld verleihen. Die Fülle des Lebens, um die es hier geht, gibt dem Menschen die Möglichkeit, »nicht auf die Kosten zu achten«, wobei »Kosten« wieder eine Metapher aus dem Bereich des Handel ist. Geben mindert unsere Substanz nur, wenn wir ein statisches und beschränktes Bild von uns selbst haben. Wenn wir das Geben als eine Möglichkeit sehen, mehr Raum für die Geschenke Gottes zu schaffen, ist es eine völlig andere Erfahrung. FÜNFer sind der Auffassung, dass sie nichts haben und nie etwas bekommen haben. Die äußere Welt im Allgemeinen beraubt sie ihrer Meinung nach eher, als dass sie ihnen etwas gibt. Deshalb geben die FÜNFer ebenfalls möglichst nichts, weil sie erwarten, dass niemand etwas zu-

rückgeben wird. Das ist auch der Grund dafür, dass Banken nur
dann Geld verleihen, wenn sie sicher sein können, dass sie es wieder
bekommen. Das Maß an Vertrauen muss in einem auf Angst gegründeten System ebenso wie bei einer von Furcht gesteuerten Person so
niedrig wie möglich gehalten werden, um gesellschaftliche und politische Aktivitäten überhaupt noch möglich zu machen.

Das letzte Gleichnis, das ich FÜNFern empfehlen möchte, steht
im Zusammenhang mit einer Sammlung von Geschichten über
FÜNFer, die ihren sicheren Stand im Leben aufgegeben haben und
mit wenig oder ganz ohne Geld um die Welt gereist sind. Anlass
dafür war ihren eigenen Aussagen nach ihre Suche nach spiritueller
Gesundheit. Sie sollen uns inspirieren, die Bewegung im folgenden
Gleichnis zu betrachten:

> Einer von den führenden Männern fragte ihn: Guter Meister,
> was muss ich tun, um das ewige Leben zu gewinnen? Jesus antwortete: Warum nennst du mich gut? Niemand ist gut außer
> Gott, dem Einen. Du kennst doch die Gebote: Du sollst nicht
> die Ehe brechen, du sollst nicht töten, du sollst nicht stehlen,
> du sollst nicht falsch aussagen; ehre deinen Vater und deine
> Mutter! Er erwiderte: Alle diese Gebote habe ich von Jugend
> an befolgt. Als Jesus das hörte, sagte er: Eines fehlt dir noch:
> Verkauf alles, was du hast, verteil das Geld an die Armen, und
> du wirst einen bleibenden Schatz im Himmel haben; dann
> komm und folge mir nach! Der Mann aber wurde sehr traurig,
> als er das hörte; denn er war überaus reich. Jesus sah ihn an
> und sagte: Wie schwer ist es für Menschen, die viel besitzen, in
> das Reich Gottes zu kommen! Denn eher geht ein Kamel
> durch ein Nadelöhr, als dass ein Reicher in das Reich Gottes
> gelangt. (Lukas 18,18–25)

Eine FÜNF hat Probleme, in den Strom der Dinge hineinzukommen. Wenn sie große Angst vor ihrer Umgebung hat und ihre
übliche Strategie darin besteht, ihre kleinen (oder großen) Mengen
an Zeit, Energie und Geld zu hüten, ist Stagnation die größte Gefahr
für sie. Sogar Fantasie ist auf äußere Reize angewiesen.

Die Position des reichen Mannes wirkt auf mich ein bisschen
habgierig. Er beginnt mit einer Schmeichelei: »Guter Meister«, für
die ihn Jesus sofort zurechtweist. Er will wissen, wie er das ewige
Leben gewinnen kann, und er hofft wohl eine angenehmere Antwort

zu erhalten, wenn er ein bisschen schmeichelt. Wahrscheinlich will er so billig wie möglich dabei wegkommen.
Jesus dagegen erhöht den Einsatz. Er erklärt dem Mann, dass es ihn alles kosten wird. Für die Liebe muss man immer alles einsetzen. Das Gottesreich, das nach den Regeln der Liebe funktioniert, bildet da keine Ausnahme. Wenn der reiche Mann sein Geld liebt (wie seine Antwort zeigt), dann muss er für die totale Liebe natürlich sein Geld aufgeben. Wenn er Macht oder Schönheit oder irgendetwas anderes besäße, an dem er besonders hinge, hätte Jesus genau das gefordert.
Letztendlich brauchen wir kein Geld für das Gottesreich. Wir brauchen kein Geld, um Gott zu dienen. Geld ist eher ein Hindernis, weil es eine rivalisierende Abhängigkeit schafft. Wir tun Dinge entweder aus Liebe oder aus Geldgier.
Der Mann muss sein Geld aufgeben, um Raum für die Liebe zu schaffen. Die FÜNF muss das lernen: um in das fließende, auf Austausch basierende, gemeinschaftliche Leben der Liebe einzutreten, muss er sich von der Liebe abhängig machen, nicht vom Geld. Ich habe weiter oben erklärt, dass die Gesetze des Geldes und die der Liebe einander diametral entgegengesetzt sind. Geld ist das Tauschmittel in der Welt der Knappheit. Liebe ist das Tauschmittel in der Welt des Überflusses. Wir gehen in unserem Leben entweder von einer Vorstellung der Knappheit oder von einer Vorstellung des Überflusses aus. Beides gleichzeitig geht nicht, wir müssen wählen zwischen Gott und dem Mammon.

Was können FÜNFer tun?

1. Trainieren Sie Gewichtheben (egal ob Sie ein Mann oder eine Frau sind). Nehmen Sie Ihren Körper wahr. Je mehr Sie sich anstrengen, desto stärker werden Sie. Die Analogie auf der Gefühlsebene ist ganz offensichtlich, aber fangen Sie mit Ihrem Körper an und erfahren Sie diese Wahrheit nicht nur über den Verstand.
2. Stellen Sie sich ein Schild mit folgender Aufschrift auf den Schreibtisch (alle FÜNFer haben Schreibtische): »Du musst singen, als bräuchtest du das Geld nicht.«
3. Lesen Sie die Evangelien in einem Zug durch und achten Sie dabei auf Jesu Vorstellung vom Überfluss, die auf verschiedene Art deutlich wird.

Sechser –
Einige Wachen tragen Gewehre

Jesus schildert in den meisten seiner Gleichnisse vom Gottesreich eine Welt der Fülle, einen Überfluss an Liebe und irdischen Gütern. Im folgenden Gleichnis geht es dagegen gerade nicht um das Reich Gottes, sondern um die Triebkräfte in dieser bösen Welt. Auch wenn das Gleichnis leider schon unzählige Male missbraucht worden ist, um kluge VerwalterInnen zu loben, wird eine genauere Untersuchung zeigen, dass der vornehme Mann, der seine Diener belohnt, gerade nicht der Gott ist, den Jesus Vater nennt. Beachten Sie auch die Stellung, die das Gleichnis innerhalb des Evangeliums einnimmt. Lukas erzählt es unmittelbar vor Jesu triumphalem Einzug in Jerusalem, mit dem er die Erwartungen der Menge im Blick auf das Nahen des messianischen Gottesreiches erfüllt. Bevor Jesus diesen messianischen Einzug halten kann, muss er die Vorstellung der Menge vom Messias korrigieren – ebenso wie unsere Vorstellung davon, wie Gott handelt. Seine Jünger erwarteten einen militärischen, politischen Triumph: Jesu Triumph wird darin bestehen, dass er den Tod besiegt, sie jedoch wollen, dass er die Römer besiegt. Um ihnen also die Dynamik hinter den militärisch-politischen Siegen zu zeigen und ihnen die Art von Gott, die man bräuchte, um dieses System aufrecht zu erhalten, vor Augen zu führen, erzählt er ihnen ein Gleichnis darüber, wie die *irdische* Macht strukturiert ist:

> Weil Jesus schon nahe bei Jerusalem war, meinten die Menschen, die von all dem hörten, das Reich Gottes werde sofort erscheinen. Daher erzählte er ihnen ein weiteres Gleichnis. Er sagte: Ein Mann von vornehmer Herkunft wollte in ein fernes Land reisen, um die Königswürde zu erlangen und dann zurückzukehren. Er rief zehn seiner Diener zu sich, verteilte unter sie Geld im Wert von zehn Minen und sagte: Macht Geschäfte damit, bis ich wiederkomme! Da ihn aber die Einwohner seines Landes hassten, schickten sie eine Gesandtschaft

hinter ihm her und ließen sagen: Wir wollen nicht, dass dieser Mann unser König wird. Dennoch wurde er als König eingesetzt. Nach seiner Rückkehr ließ er die Diener, denen er das Geld gegeben hatte, zu sich rufen. Er wollte sehen, welchen Gewinn jeder bei seinen Geschäften erzielt hatte. Der erste kam und sagte: Herr, ich habe mit deiner Mine zehn Minen erwirtschaftet. Da sagte der König zu ihm: Sehr gut, du bist ein tüchtiger Diener. Weil du im Kleinsten zuverlässig warst, sollst du Herr über zehn Städte werden. Der zweite kam und sagte: Herr, ich habe mit deiner Mine fünf Minen erwirtschaftet. Zu ihm sagte der König: Du sollst über fünf Städte herrschen. Nun kam ein anderer und sagte: Herr, hier hast du dein Geld zurück. Ich habe es in ein Tuch eingebunden und aufbewahrt; denn ich hatte Angst vor dir, weil du ein strenger Mann bist: Du hebst ab, was du nicht eingezahlt hast, und erntest, was du nicht gesät hast. Der König antwortete: Aufgrund deiner eigenen Worte spreche ich dir das Urteil. Du bist ein schlechter Diener. Du hast gewusst, dass ich ein strenger Mann bin? Dass ich abhebe, was ich nicht eingezahlt habe, und ernte, was ich nicht gesät habe? Warum hast du dann mein Geld nicht auf die Bank gebracht? Dann hätte ich es bei der Rückkehr mit Zinsen abheben können. Und zu den anderen, die dabeistanden, sagte er: Nehmt ihm das Geld weg, und gebt es dem, der die zehn Minen hat. Sie sagten zu ihm: Herr, er hat doch schon zehn. (Da erwiderte er:) Ich sage euch: Wer hat, dem wird gegeben werden; wer aber nicht hat, dem wird auch noch weggenommen, was er hat. Doch meine Feinde, die nicht wollten, dass ich ihr König werde – bringt sie her, und macht sie vor meinen Augen nieder! Nach dieser Rede zog Jesus weiter und ging nach Jerusalem hinauf. (Lukas 19,11–28)

Das ist der Gott der SECHS. So funktioniert die Welt unter diesem Gott. Sie steht in krassem Gegensatz zu dem Gottesreich, das in den anderen Gleichnissen dargestellt wird. Hier gibt es keine Fülle, nur Furcht, Ungerechtigkeit und ein Belohnungssystem, das auf einem willkürlichem Geschenk und der Unterdrückung der Armen und Glücklosen beruht. Und die Menschen hassen ihn! Die Tradition, nach der dieses Gleichnis benutzt wird, um die Menschen zur klugen Verwendung ihres Geldes zu bringen, beweist nur unsere Macht, die Bibel so hin und her zu wenden, dass sie unseren gesellschaftlichen Bedürfnissen entspricht. Sobald wir uns dieses Bild von Gott mit Hilfe solcher Prozeduren zurechtgelegt haben, ist es nicht mehr interessant an diesen Gott zu glauben! Warum sollten wir unsere sensible Seele vor jemandem offenlegen, der seine Feinde niedermachen lässt und »erntet, was er nicht gesät hat«, was ja wohl heißt, dass er mehr nimmt als gibt? Eine SECHS sollte dieses Gleichnis lesen, genau auf die emotionale Reaktion tief in ihrem Innern achten und dann dankbar sein, dass Gott das genaue Gegenteil von dem Mann ist, der dort beschrieben wird.

Der Gott der SECHS ist ein Angst einjagender Zuchtmeister, den sie so sehr fürchtet, dass sie wie paralysiert ist. SECHSer versinken oft in Sorgen und Kummer und sind oft nicht in der Lage zu handeln, besonders wenn es wie in diesem Fall um sie selbst geht. Wenn die Menschen die Allegorie hören, in der jener vornehme Mann die Rolle Gottes spielt, akzeptieren sie Gott ohne weitere Fragen als jemanden, der alles vereinnahmt (das ist die Bedeutung von »Du hebst ab, was du nicht eingezahlt hast«), als jemanden, den niemand mag, jemanden, der den Erfolg in der Welt belohnt und seine Feinde niedermacht. Was für eine Kehrtwende, weg vom Gott der die Lahmen gehend und die Blinden sehend macht und den Armen das Evangelium verkündet! Der vornehme Mann passt zum verzerrten Gottesbild der SECHSer, aber er ist nicht Gott der Vater.

Dies ist nicht derselbe Vater, der den verlorenen Sohn mit offenen Armen aufnimmt, alles vergibt und ein Fest feiern lässt. Was für ein Unterschied zu der besitzgierigen, strafenden Gestalt in diesem Gleichnis, die Charakterzüge einer weltlichen Autorität aufweist. Die SECHS hegt die Furcht, dass auch die göttliche Autorität nach diesem Muster vorgeht.

Um den Glauben zu verstehen, egal ob den Glauben an die Bibel oder an das Enneagramm, müssen wir eine andere Definition des Begriffs »Glauben« benutzen, als wir sie gemeinhin, besonders aus dem katholischen Bereich, kennen. Für die meisten KatholikInnen ist Glaube die Zustimmung zu dem, was eine Autorität (der Papst, der Bischof, die Heilige Schrift) für wahr erklärt. »Glaubst du, dass Jesus der Sohn Gottes ist?« Indem man die Antworten aus dem Katechismus lernt, stärkt man dieses Glaubensverständnis.

Das ist nicht die biblische Vorstellung von Glaube, und es ist nicht das Verständnis des Enneagramms. Glaube heißt, eine Beziehung zu Gott zu haben – und zu dem Universum, das ein liebender Gott geschaffen hat.

Gott ist Vater (oder Mutter), und weil Gott so ist, ist das Universum ein guter Platz, um darin zu leben und sich heimisch zu fühlen. Wenn wir unser wirkliches Bild von Gott kennen lernen wollen, müssen wir nur den Satz: »Die Welt ist ...« vollenden. Die Antwort zeigt uns, wie es um unseren Glauben steht.

Sobald wir beten: »Vater unser im Himmel, geheiligt werde Dein Name ... wie im Himmel so auf Erden«, steigen in uns Erwartungen auf, wie Gott, Himmel und Erde uns behandeln sollen. Es ist sinnvoll, um unser tägliches Brot zu bitten. (Man würde nie auf dem Gedanken kommen, den vornehmen Mann aus dem Gleichnis um das tägliche Brot zu bitten.)

Dies alles sind keine intellektuellen Überzeugungen. Einige kluge Leute glauben, andere nicht. Der Glaube ist genauso stark in den Muskeln und den interzellulären Abläufen angesiedelt wie im Gehirn, wo die Worte des Glaubensbekenntnisses formuliert werden. Besonders kopfgesteuerte SECHSer stehen vor Problemen, wenn sie versuchen, den Glauben verstandesmäßig zu erfassen, denn ihr zweifelnder Verstand beginnt zu hinterfragen, was sie gerade denken.

Jesus bescheibt ein Verhalten, das dem Vertrauen in Gottes Güte und dem Überfluss des Gottesreiches entspringt. Er sagt:

> Ihr aber sollt ... leihen, auch wo ihr nichts dafür erhoffen könnt. Dann wird euer Lohn groß sein, und ihr werdet Söhne des Höchsten sein; denn auch er ist gütig gegen die Undankbaren und Bösen. Seid barmherzig, wie es auch euer Vater ist!
> (Lukas, 6, 35–36)

Beachten Sie das Paradox: Man soll nichts erwarten und bekommt dennoch eine Belohnung versprochen. Dieses Paradox hilft der SECHS, weil es ihren Zwang, alles abzusichern, ins Leere laufen lässt. Wir müssen loslassen, um etwas zu erhalten. Das ist nicht logisch, deshalb hilft es der SECHS, sich von ihrer Kopflastigkeit zu befreien. Es tut SECHSern gut, über die Unterschiede zwischen dieser Textpassage und dem ersten Gleichnis nachzudenken und sich die Frage zu stellen: »Welcher Kontext gibt jeder der beiden Passagen Sinn?« Was für eine Welt ist das, in der wir Dinge weggeben können, ohne uns Sorgen machen zu müssen? Und inwiefern unterscheidet sich das vom Gleichnis vom vornehmen Mann, der auch noch das wegnimmt, was wir gespart haben? Die wichtigste Frage lautet: »Welche Art von Gott hat welche Art von Welt geschaffen?«

Die Sünde der SECHS ist die Furcht. Furcht wird normalerweise als Gefühl, nicht als Sünde angesehen, aber sie ist eine Sünde gegen den Glauben. SECHSer kämpfen gegen die Macht der Furcht, sie drückt sie nieder, wie jede Sünde es tut. Die Folgen der Furcht verletzen, wie in dem oben wiedergegebenen Gleichnis. Ein Mann bewahrte die Mine, die ihm gegeben worden war, einfach auf. SECHSer ersetzen Handeln oft durch Denken, vor allem durch ein Versinken in Sorgen und Kummer. Sie gehen davon aus, dass sie, wenn sie eine Arbeit gut erledigen, den Zorn der Autorität auf sich ziehen. Untätigkeit ist ein Weg, sich durch Unauffälligkeit negativer Aufmerksamkeit zu entziehen.

Eine Metapher für die Furcht ist das Opossum. Wenn es sich hinlegt und sich totstellt, dann ist das kein besonders gerissener Trick, sondern einfach ein Versuch, der Furcht zu entgehen. Nur zufällig ist dieses Verhalten auch ein Schutz vor Raubtieren, die bewegliche Beute bevorzugen. Als eine SECHS, die ich kenne, hörte, dass ein hochrangiger Manager entlassen worden sei, bemerkte sie nur: »Das Geheimnis eines hohen Dienstalters ist Unauffälligkeit, damit niemand auf den Gedanken kommt, deine Arbeit zu prüfen.«

Einige SECHSer sind kontraphobisch orientiert. Sie tun, was sie fürchten. Sie bevorzugen, militärisch gesprochen, den »Präventivschlag«. In der Tierwelt wären sie Opossums mit überschüssigem Adrenalin, die das Raubtier tollkühn angreifen würden.

Dennoch herrscht in beiden Fällen die gleiche Weltsicht vor. Beide Strategien versuchen, mit einem feindlichen Universum zurechtzukommen. Flucht oder Kampf sind die gegensätzlichen Reaktionen auf dieselbe Wahrnehmung.

Negative Aufmerksamkeit von seiten der Autorität bremst die Spontaneität der SECHSer, weil sie Autoritäten achten. Sie lieben sie vielleicht nicht, aber sie schätzen sie selten gering. Wenn eine Forscherin des SECHSer-Typs etwas veröffentlichen würde, würde sie sich vorher genau über die Meinung der Autoritäten des Fachgebiets informieren. Dann, und wirklich erst dann, würde sie ihnen vielleicht widersprechen. Niemals würde sie etwas veröffentlichen, ohne zu wissen, wo sie stehen, ebenso wenig wie sie als Kind etwas getan hätte, ohne zu wissen, wo ihre Eltern standen, auch wenn sie ihnen dann nicht gehorchte.

Glaube und Autorität

Die Beziehung zwischen Glaube und Autorität zeigt sich im Leben der SECHS und in den Taten Jesu, wie sie in den Evangelien aufgezeichnet sind. *David Steindl-Rast* hält Jesu Verständnis von Autorität für revolutionär, weil Jesus Autorität seiner Feststellung nach neu lokalisiert. Jesus hatte gewissermaßen mehrere Möglichkeiten, Autorität für sich in Anspruch zu nehmen. Als Prophet hätte er wie Jesaja, Jeremia und all die anderen Propheten seine Reden mit dem Satz einleiten können: »Das Wort des Herrn kam zu mir und sprach ...« Diese Phrase findet sich immer wieder in den Prophetenbüchern des Alten Testaments.

Manchmal verwies Jesus auf seine eigene Autorität: »Ihr habt gehört, dass gesagt worden ist ... Ich aber sage euch ...« – eine Formel, die charismatische Führergestalten, die sich ihrer spirituellen Autorität bewusst sind, oft verwenden. (In Kapitel 5 des Matthäus-Evangeliums finden sich viele Beispiele dafür.)

Eine der aussagekräftigeren Wendungen, die Jesus vor allem gegen die Pharisäer einsetzte, die ihn angriffen, war die Frage: »Wer von euch?« Hier ein Beispiel:

> Jesus wandte sich an die Gesetzeslehrer und die Pharisäer und fragte: Ist es am Sabbat erlaubt zu heilen, oder nicht? Sie schwiegen. Da berührte er den Mann, heilte ihn und ließ ihn gehen. Zu ihnen aber sagte er: Wer von euch wird seinen Sohn oder seinen Ochsen, der in den Brunnen fällt, nicht sofort herausziehen, auch am Sabbat? Darauf konnten sie ihm nichts erwidern. (Lukas 14,3–6)

Jesus appelliert an die Gegenwart des Heiligen Geistes in den Pharisäern, die seine Autorität in Zweifel ziehen. Jesus weiß, dass sie wissen, was richtig und was falsch ist. Und er weiß, dass sie wissen, dass sie es wissen! Er vertraut auf ihre authentische Intuition, den Geist in ihren Herzen, und er weiß, dass dieser Geist die letzte Autorität ist.

SECHSer brauchen diese Botschaft Jesu. Sie müssen die Gegenwart des Heiligen Geistes in sich selbst anerkennen, um ihre innere Autorität zu behaupten. Solange die Autorität von außen kommt (und SECHSER lieben oft das Militär, die Kirchenhierarchie und die politische Bürokratie), ist der Mensch von Furcht erfüllt.

Furcht contra Liebe

Eine vollkommene Liebe vertreibt die Furcht. Vollkommene Liebe ist der Heilige Geist in uns. Liebe vertreibt Furcht, weil sie die Autorität von außen (wo sie gegen uns eingesetzt werden kann) nach innen (wo sie unser tiefstes Selbst ist) verschiebt.

Das Selbstwertgefühl ist heute Gegenstand geballter Aufmerksamkeit in unseren Schulen, in Selbsthilfebüchern und Fernseh-Talkshows. Manches, was dort gesagt und geschrieben wird, ist wichtig; aber Techniken zur Steigerung des Selbstwertgefühls wirken nicht so heilsam wie das tiefe Bewusstsein, dass man den Heiligen Geist in sich trägt und deshalb selbst über die Art und Form seines Schicksals entscheiden kann. Eine SECHS, die sich der inneren Autorität des Heiligen Geistes bewusst ist, besitzt ein starkes Bollwerk gegen die Furcht vor äußeren Autoritäten. Es hilft SECHSern, über die Gegenwart des Heiligen Geistes in ihrem Inneren zu meditieren.

In ihrer Trance gibt die SECHS ihre Macht an eine feindliche Autorität ab und fühlt sich dann ausgeliefert. Als Jesus umherging und den Menschen erklärte, dass ihre Sünden vergeben und sie geheilt seien, gehörte es zu seinen Wundertaten, Lahme zu heilen, damit sie auf ihren eigenen Füßen stehen konnten! Dann heilte er die Blinden, damit sie selbst sehen konnten. SECHSer können diese Heilungswunder mit Gewinn lesen. Es sind Bilder der Gnade, die ein auf dem Glauben basierendes Selbstbewusstsein schaffen.

Die Furcht ist eine ebenso starke Verzerrung der Wahrnehmung wie jede andere Enneagramm-Sünde. Und sie führt in einen Trancezustand, der sich besonders leicht selbst verstärkt. Wenn wir uns immer wieder sagen, dass sicher bald schlimme Dinge geschehen, werden wir früher oder später Recht behalten. Wenn ein Kind in einem Einkaufszentrum einen Ausflug auf eigene Faust unternimmt, werden die Leute in neunundneunzig Prozent der Fälle alles unternehmen, um es zu seinen Eltern zurückzubringen. Doch in einem von hundert Fällen wird das Kind entführt. Dennoch wird eine ängstliche Person die Entführung für die Norm halten, und wenn so etwas wirklich einmal passiert, steht es in allen Zeitungen (was zeigt, dass es nicht die Norm ist), und die SECHS wird sagen: »Siehst du, ich habe es dir gesagt, es passiert ständig.« Solche periodischen Verstärkungen ihrer ängstlichen Weltsicht machen es SECHSern schwer, ihre innere Einstellung zu ändern. Die Unsitte der Medien, immer nur über schlimme Zwischenfälle zu berichten, ist

Gift für sie, denn so bestätigen sich ihre schlimmsten Ahnungen. Vielleicht wäre es eine gute Therapie für SECHSer, konsequent auf die Abendnachrichten zu verzichten.

Ein Weg hinaus

Das Johannes-Evangelium ist chiastisch aufgebaut, es ist wie eine Serie von ineinander verschachtelten Klammern strukturiert ((((())))): Kapitel 1 bezieht sich auf Kapitel 21, Kapitel 2 auf Kapitel 20, Kapitel 3 auf Kapitel 19, und wenn man so weiterzählt, bliebt schließlich in der Mitte als einziges Kapitel 11 übrig. Es steht allein, weil es das Herz des Ganzen bildet. Es erzählt die Geschichte von Lazarus, der von den Toten aufersteht. Und in der Mitte der Lazarus-Geschichte befindet sich der Kern des Johannes-Evangeliums, Johannes' Schlüssel zu allem:

... Ich bin die Auferstehung und das Leben. Wer an mich glaubt, wird leben, auch wenn er stirbt, und jeder, der lebt und an mich glaubt, wird ewig nicht sterben. Glaubst du das? (Johannes 11, 25–26)

Über die verschiedenen Bedeutungsschichten dieser Aussage sind ganze Bibliotheken geschrieben worden. Um zu leben, muss man durch den Tod gehen. Um aufzuwachsen, muss man nicht einfach nur größer werden, sondern von seiner Kindheit Abschied nehmen. Um nach dort zu gelangen, muss man von hier weggehen. Dieses Paradoxon kann bei der SECHS Wunder wirken. Der einzige Weg hinaus ist der Weg *hindurch*. Die SECHS muss es mit der negativen Autorität aufnehmen und alles ertragen, was nötig ist, um ihr Seelenleben aus dem Griff dieser Autorität zu befreien. Erst dann kann sie die Trance durchbrechen, die Erinnerung an die Macht, die die Autorität immer über sie hatte.

Diese Textpassage ist für SECHSer ganz offensichtlich von zentraler Bedeutung. Um die Furcht zu besiegen, muss man einer wirklichen (nicht nur in der Erinnerung existierenden) Autorität – Jesus – vertrauen, sogar wenn es darum geht, durch den Tod zu gehen. Eine kleine Geschichte kann vielleicht ein wenig von dieser emotionalen Wahrheit verdeutlichen. Jesus hatte ein Drahtseil hoch über die Niagara-Fälle gespannt und traf Vorbereitungen, um mit seinem Fahrrad darüber zu fahren. Er fragte seine Jünger: »Glaubt ihr, dass ich hin- und zurückfahren kann?«»Ganz sicher«, antworteten sie. »Du schaffst es.« Also fuhr er hinüber und zurück. Als er wieder ankam, jubelten die Jünger und bekräftigten noch einmal ihr Vertrauen in ihn. Sie waren jetzt absolut überzeugt und überschütten ihn mit ihrer Begeisterung. Er hatte es bewiesen. Also fragte Jesus sie:»Glaubt ihr, ich kann es noch ein zweites Mal schaffen?« Diesmal waren sie noch zuversichtlicher und versicherten ihm, es sei ein Kinderspiel.»Okay«, sagte er und zeigte auf den Lenker.»Dann macht mal!« Das Gefühl, das uns durchströmt, wenn wir uns vorstellen, diesen Lenker selbst in die Hand zu nehmen, hat etwas mit unserem Glauben zu tun.

Wonach SECHser sich sehnen

SECHser wollen den Glauben. Sie wollen ohne Furcht leben. Sie wollen sicher sein, dass »alles gut ausgehen wird«. Sie wollen genau das, was der Glaube bietet, ein fundamentales Vertrauen darauf, dass im Universum Ordnung herrscht und es ein guter Platz zum Leben ist. Sie wollen sich frei in einer Welt bewegen, die ein gnädiger Gott für sie geschaffen hat. In einem christlichen Kontext bedeutet das: Sie wollen in einer Welt leben, in der das Leben den Tod überwindet, in der dem Sterben die Auferstehung folgt. Im Glauben leben heißt in einem Universum leben, das sich um dich kümmert, das aus Liebe geschaffen ist, dem du angehörst und in dem du dich willkommen und geborgen fühlst. Du nennst den Herrn des Universums deinen Vater:»Abba«.

Wonach sie streben

SECHser streben nach Sicherheit. Sie ähneln auf den ersten Blick dem Glauben, ist ihm jedoch eigentlich diametral entgegengesetzt. Ein Leben auf der Suche nach Sicherheit ist gleichbedeutend mit einem Leben in einem strukturell feindlichen Universum, das einen früher oder später verschlingen wird. Wir reden von »Sicherheitskräften«, »Sicherheitsmaßnahmen« und von der »nationalen Sicherheit«. Das alles bedeutet letztendlich, dass wir in einem militärisch geprägten Umfeld leben. Sicherheit setzt Maßnahmen gegen die Angst voraus. Im Glauben gibt es überhaupt keine Angst. Sicherheit ist eine zermürbende Anstrengung; Glaube ist ein befreiendes Geschenk.

Mindestens zweimal wird Jesus versucht, die Sicherheit zu wählen, und wählt stattdessen den Glauben. Bei der ersten Gelegenheit macht er sich nach seiner Taufe Gedanken über seine geistliche Mission. Er geht hinaus in die Wüste und wird versucht, Steine in Brot zu verwandeln (Matthäus 4,3). Wie schon früher erwähnt, ist das Brot in der Einsamkeit das Zeichen, das Jahwe den Israeliten gegeben hat: Sie hatten die Erlaubnis, Brot für einen Tag zu nehmen – sie sollten es nicht horten. Sie bezeugten ihren Glauben, indem sie darauf vertrauten, dass der Herr auch am nächsten Tag für sie sorgen würde. Jesus sagt dem Versucher, dass es nicht seine Aufgabe sei, selbst für Brot zu sorgen; er wird von dem leben, was Gott ihm gibt.

Bei der zweiten Gelegenheit, im Garten Getsemani, fürchtet er um sein Leben, aber statt Sicherheit zu suchen (also den Garten zu verlassen), nimmt er an, was sein Vater ihm gibt.

... Mein Vater, wenn es möglich ist, gehe dieser Kelch an mir vorüber. Aber nicht wie ich will, sondern wie du willst. (Matthäus 26,39)

Das heilende Paradox für SECHSer besteht darin, dass sie den Glauben erlangen können, wenn sie die Sicherheit aufgeben.

Süchtig nach Sicherheit

Das Paradoxon der Sicherheit, die man loslassen muss, ähnelt in der Struktur einer Abhängigkeit. Man muss das Verlangen nach einer kurzfristigen Erfüllung seiner Wünsche aufgeben, um ihre langfristige Erfüllung zu erreichen. Die Sünde der Furcht entfremdet die SECHS von Gott, weil die Furcht sie daran hindert, das Risiko einer Beziehung einzugehen. In ihrem Innern läuft etwa folgende Entwicklung ab: Die SECHS beschäftigt sich gerade mit ihren eigenen Angelegenheiten, doch plötzlich sieht sie etwas Gefährliches (zum Beispiel im Fernsehen), das Erinnerungen an die Zeit in ihr weckt, als sie noch klein und schutzlos war. Sie verdrängt die Wirklichkeit (sie ist ja nicht mehr schutzlos!), fällt in eine frühere Situation ihres Lebens zurück (als sie vier Jahre alt war und Angst vor ihrem Vater hatte) und beginnt Sicherheitsvorkehrungen zu treffen, damit das, was den Menschen im Fernsehen passiert ist, ihr nicht zustoßen kann. Jede Vorsichtsmaßnahme verstärkt ihre Überzeugung, wie furchtbar gefährlich doch die Welt und wie unheimlich ihr Vater (gewesen) ist. Dadurch bekommt sie noch mehr Angst. Sie trifft so viele Sicherheitsvorkehrungen, wie nötig sind, damit sie sich sicher fühlt, zumindest eine Zeitlang. Dann fühlt sie sich wieder so sicher wie zu der Zeit, als sie noch keine Angst hatte. Sicherheit und Glaube stehen im gleichen Gegensatz zueinander wie innere und äußere Autorität. Eine Analogie aus der Biologie kann das vielleicht deutlicher machen. Wenn man um seine Sicherheit besorgt ist, versucht man, sich ein keimfreies, aseptisches Umfeld zu schaffen. Der Glaube dagegen vertraut auf ein gesundes Immunsystem. Bedenken Sie die Zwänge, in die man sich begibt, wenn man sicher sein will, und setzen sie die Freiheit eines Menschen mit einem gesunden Immunsystem dagegen. Bei beiden Strategien sind sich die Menschen der Gefahr bewusst, doch die Sicherheitsstrategie geht von einer Hilflosigkeit gegenüber der Gefahr aus, während der Glaube auf eine innere Kraft vertraut. Gerade der Ersatz des Glaubens durch eine äußere Sicherheit schwächt die SECHS. Und hier liegt auch die Sünde – im Austausch der Wirklichkeit durch etwas Falsches, das so ähnlich aussieht. In biblischer Sprache gesprochen ist die Sicherheit das Götzenbild, das die SECHS anbetet.

Wie kann die SECHS in einer so gefährlichen Welt überhaupt Sicherheit erlangen? Sie reagiert argwöhnisch, sucht nach versteckten Gefahren in zufälligen Bemerkungen oder Beobachtungen und Umständen, über die sich andere gar keine Gedanken machen. Dazu muss sie immer wachsam, immer auf der Hut sein. Sie ist sehr misstrauisch, liest zwischen den Zeilen und hinterfragt noch die kleinste Geste. Und da Gott sich ganz besonders bedeckt zeigt und besonders oft interpretiert worden ist, müssen SECHSer Gott ständig überprüfen. Sie überprüfen jeden.

Doch wie allen Trance-Abhängigkeiten des Enneagramms liegt auch der SECHSer-Trance eine generelle Vorstellung von der Welt zugrunde. Wenn das Universum im tiefsten Innern unfreundlich und fordernd ist, muss man es, um sich darin zu bewegen, zuerst einmal ausloten. Deshalb wird die SECHS oft als *advocatus diaboli* bezeichnet. Nicht-Vertrauen ist etwas Dämonisches. Diese dämonische Dynamik macht sich besonders stark in unserem Militär bemerkbar. Die Armee ist eine SECHSer-Organisation (deshalb heißt das frühere Kriegsministerium heute auch Verteidigungsministerium). Die anderen sind böse, wir verteidigen uns nur. In einer Rede vor dem amerikanischen Kongress erklärte *Colin Powell*: »Der größte Feind ist der unbekannte Feind.« Alle SECHSer-Militärs sind wie er zutiefst davon überzeugt, dass wir Feinde haben, wir müssen sie nur finden. Nach dem Zusammenbruch des Sowjetreichs, des bis dahin für alle sichtbaren Feindes, baute das Pentagon sofort ein diffuses neues Feindbild auf – wir wissen, sie sind da draußen, aber sie haben sich bis jetzt noch nicht sehen lassen. Jetzt wurde die Strategie ausgerufen, dass Amerika in der Lage sein müsse, zwei Kriege auf einmal zu führen. In ihrem Trancezustand wird den SECHSern eingeredet, dass sie auf alles vorbereitet sein müssen, und wenn ein großer Feind verschwunden ist, gibt es wahrscheinlich zwei kleinere, die ganz wild darauf sind, seinen Platz einzunehmen. Wenn man dagegen einwenden würde, dass bei objektiver Betrachtung niemand einen Vorteil davon hätte, die Vereinigten Staaten anzugreifen (und es in den letzten fünfzig Jahren auch niemand getan hat), würde man ganz schnell auf der Liste potenzieller Feinde landen, einfach weil man nicht einsieht, dass die Welt gefährlich ist. Deshalb darf man auch über die finanzielle Seite, die mit dieser Überzeugung verknüpft ist, keine zynischen Witze machen. Der Militärapparat glaubt wirklich, dass es da draußen von Feinden wimmelt. Es geht ihnen nicht darum, einfach nur ihren Etat aufzublasen.

Sicherheit und Furcht sind eng miteinander verbunden. Sobald die Furcht aufkeimt, beginnt die Suche nach Sicherheit. Nur wenn man furchtlos ist, ist man wirklich innerlich sicher. Wenn man dagegen ständig in Furcht lebt, wird Sicherheit zum Lebensziel.

Was aber, wenn Gott der Feind ist (wie es das erste Gleichnis nahelegt)? SECHSER reagieren misstrauisch bei dem Gedanken, das alles, was sie bekommen, von Gott kommt. Das Problem dabei ist: Wie kann man jemals Gottes wirkliche Absichten prüfen?

Die Gleichnisse bieten eine völlig andere Darstellung des Universums, in dem Gott gegenwärtig ist. Ein Beispiel dafür ist die Geschichte vom Sturm auf dem See:

> Eines Tages stieg er mit seinen Jüngern in ein Boot und sagte zu ihnen: Wir wollen ans andere Ufer des Sees hinüberfahren. Und sie fuhren ab. Während der Fahrt aber schlief er ein. Plötzlich brach über dem See ein Wirbelsturm los; das Wasser schlug in das Boot, und sie gerieten in große Gefahr. Da traten sie zu ihm und weckten ihn; sie riefen: Meister, Meister, wir gehen zugrunde! Er stand auf, drohte dem Wind und den Wellen, und sie legten sich, und es trat Stille ein. Dann sagte er zu den Jüngern: Wo ist euer Glaube? Sie aber fragten einander

voll Schrecken und Staunen: Was ist das für ein Mensch, dass sogar die Winde und das Wasser seinem Befehl gehorchen? (Lukas 8,22–25)

Jede SECHS weiß, dass man sich fürchten muss, wenn ein Sturm aufzieht, doch Jesus stellt eine grundsätzliche Frage, wenn er die SECHSer in Hinblick auf ihr stürmisch bewegtes Universum fragt: »Wo ist euer Glaube? Wo ist eure Deutung der Geschehnisse, mit der ihr auch die Gegenwart Gottes gerade im Sturm wahrnehmen könnt?« Die SECHSer können solche Worte Jesu mit Gewinn lesen, weil sie eine starke Verbindung zur Autorität haben, und die so ganz andere Autorität Jesu kann beruhigend auf sie wirken.

Ein wenig später, kurz nachdem Jesus auf seinem Weg zur Tochter des Jaïrus die Frau mit den Blutungen geheilt hatte, berichtet Lukas:

> Während Jesus noch redete, kam einer, der zum Haus des Synagogenvorstehers gehörte, und sagte (zu Jaïrus): Deine Tochter ist gestorben. Bemühe den Meister nicht länger! Jesus hörte es und sagte zu Jaïrus: Sei ohne Furcht; glaube nur, dann wird sie gerettet. (Lukas 8,49–50)

Wenn man von der alltäglichen Erfahrung ausgeht, ist das ein unvernünftiges Anliegen. »Glauben nach dem Tod? Das glaube ich nicht!«, wäre wohl die übliche Reaktion. Aber die Botschaft enthält Hoffnung für die SECHS: Glaube ist lebenspendend. Und natürlich hat die SECHS eine Menge Erfahrung damit, dass die Sucht nach Sicherheit auch eine Auseinandersetzung mit dem Tod ist.

Jetzt wird deutlich, dass die Furcht nicht nur eine neutrale Gefühlsreaktion ist, sondern eine Lebenseinstellung, die mit einer negativen Erwartung gegenüber der gesamten Wirklichkeit, Gott eingeschlossen, zusammenhängt. Furcht ist das Gegenteil von Glaube. Allerdings: Gott und die Wirklichkeit sind im Vergleich zu mir tatsächlich ziemlich groß, und wenn alle hinter mir her sind, ist es kein Wunder, dass ich mich fürchte. Diese negative Einstellung fällt weg, wenn wir die Furcht einfach als ein Gefühl bezeichnen, dass wie alle Gefühle eine Reaktion auf die Situation eines bestimmten Moments ist und bald vorübergeht. Eine Sünde dagegen ist systemisch, weil sie unser gesamtes Lebenssystem verzerrt.

Das Vaterunser kennt eine sehr fein abgestimmte Möglichkeit

für SECHSER, ihre Furcht zu bekämpfen, die in dem folgenden Gleichnis aus dem Matthäus-Evangelium genauer dargestellt wird:

Nachdem Jesus getauft worden ist und erfahren hat, dass er der Sohn Gottes ist, wird er vom Geist hinaus in die Wüste geführt, wo der Versucher auf ihn wartet, der ihn in einem ersten Schritt dazu bringen will, Steine in Brot zu verwandeln. Nun ist Brot nicht einfach etwas zu essen: Es ist das Symbol des Lebens und steht für all die guten Dinge, die Gott uns gibt. Steine dagegen symbolisieren den Tod und alle bösen Dinge im Leben. Jesus ermutigt uns, Gott zu vertrauen und gute Dinge zu erwarten. Er erklärt seinen Jüngern:

> Bittet, dann wird euch gegeben; sucht, dann werdet ihr finden; klopft an, dann wird euch geöffnet. Denn wer bittet, der empfängt; wer sucht, der findet; und wer anklopft, dem wird geöffnet. Oder ist einer unter euch, der seinem Sohn einen Stein gibt, wenn er um Brot bittet? (Matthäus 7,7–9)

In der Versuchungsszene wird Jesus darum gebeten, die Mühen des Lebens in Gutes zu verwandeln:

> Da trat der Versucher an ihn heran und sagte: Wenn du Gottes Sohn bist, so befiehl, dass aus diesen Steinen Brot wird. (Matthäus 4,3)

Doch er antwortet mit einem Zitat aus Deuteronomium 8,3:

> ... In der Schrift heißt es: Der Mensch lebt nicht nur von Brot, sondern von jedem Wort, das aus Gottes Mund kommt. (Matthäus 4,4)

Mit anderen Worten: Wir leben nicht einfach aus den guten Dingen heraus, sondern beziehen Leben aus allem, was von Gott kommt. Das »Wort Gottes« ist hier das Wort, das laut Genesis Himmel und Erde erschaffen hat, es ist nicht einfach eine Stimme. Es ist die Schöpferkraft hinter aller Wirklichkeit. Einiges an der Wirklichkeit ist angenehm, einiges nicht, doch alles kommt von Gott und schenkt uns Leben. Jesus sagt, dass er die Steine (also Tod und alle Mühen) bereitwillig auf sich nehmen wird, wenn sie von Gott kommen, weil sie lebenspendend sein werden.

Diese Haltung liegt auch dem Aufbau des Vaterunser zugrunde. Es beginnt mit der Definition des Namens Gottes als »Abba«, einer intimen und lebenspendenden Anrede. Sobald man Gott »Abba« nennt, hat man auch keine Scheu mehr, um Brot zu bitten. Doch genau das verbietet die Weltsicht der SECHSer: von Gott das Brot, die guten Dinge des Lebens zu erwarten.

Im 11. Kapitel des Matthäus-Evangeliums findet sich ein rührendes Beispiel für eine Antwort Jesu auf die Fragen einer zweifelnden SECHS. Johannes der Täufer sitzt im Gefängnis, weil er sich gegen Herodes gewendet hat, und verhält sich in dieser Situation wie eine kontraphobische SECHS. Er will nicht der Führer sein, er sagt, er sei es nicht wert, Jesu Schuhe aufzuschnüren (Johannes 1,27), und dennoch besitzt er die Tollkühnheit, sich mit Herodes anzulegen, eine ebenso mutige wie unkluge Tat, die ihn den Kopf kosten wird. Jetzt sitzt er im Gefängnis und beginnt zu zweifeln: »Habe ich das alles umsonst getan? Ist Jesus wirklich der Messias?« Deshalb sendet er seine Jünger zu Jesus: »Bist du der, der kommen soll, oder müssen wir auf einen andern warten?« (Das ist typisch für eine SECHS: Johannes kennt Jesus seit der Zeit vor ihrer Geburt. Er hat Jesus getauft; er weiß Bescheid über sein Wirken; er hat gesagt, er sei es nicht wert, ihm die Schuhe aufzuschnüren; er ist ein treuer Jünger gewesen. Doch jetzt hat er im Gefängnis Zeit zum Nachdenken gehabt, und sein zweifelnder Verstand hat sich wieder gemeldet. Es ist eigentlich ein bisschen spät für diese Frage, aber als SECHS muss Johannes sie wahrscheinlich stellen.) Und Jesus antwortet den Jüngern des Johannes:

> … Geht und berichtet Johannes, was ihr hört und seht: Blinde sehen wieder, und Lahme gehen; Aussätzige werden rein, und Taube hören; Tote stehen auf, und den Armen wird das Evangelium verkündet. Selig ist, wer an mir keinen Anstoß nimmt. (Matthäus 11,4–6)

Jesus weiß, wie er seinen Jünger mit dem zweifelnden Verstand beruhigen kann. Der Überlieferung nach war ein selbsternannter Prophet durch das Wort allein nicht von einem echten Propheten zu unterscheiden. Wenn Jesus also gesagt hätte: »Ja, du hast Glück, ich bin ein wahrer Prophet und der Messias«, hätte Johannes an Jesu Worten gezweifelt, wie er jetzt schon an seiner messianischen Identität zweifelt. Deshalb verweist Jesus (und das ist immer gut, um eine SECHS zu beruhigen) auf die Autorität der Überlieferung, auf konkrete Dinge, harte Fakten, die Johannes nicht leugnen kann, die er aber wegen seiner Trance bisher nicht aufgenommen hat. Der Messias sollte genau das leisten, was Jesus aufzählt, und Johannes kennt die Heilige Schrift gut. Die Kombination aus harten Fakten und der Autorität der Heiligen Schrift reicht aus, um die Zweifel, die Johannes in seiner Trance gekommen sind, auszuräumen.

Was können SECHSer tun?

1) Um die Angst vor Autoritäten zu mildern, sollte eine SECHS eines der synoptischen Evangelien lesen und die Passagen (zum Beispiel Lukas 5,17; 6,6; 11,37–53) notieren, auswendig lernen und sich zu eigen machen, in denen Jesus die ihn bedrängende Autorität (seien es die Römer oder die Pharisäer) mit seiner eigenen inneren Autorität konfrontiert. Seine innere Autorität ist auch Ihre innere Autorität – die Gegenwart des Heiligen Geistes. Und bedenken Sie, dass Jesus auch an den Heiligen Geist in den Pharisäern appelliert. Wenn die Pharisäer, seine Feinde, den Heiligen Geist besitzen, dann können Sie sicher sein, dass er auch in Ihnen ist.

2) Rufen Sie sich die paradoxen Aussagen zum Thema »Sterben, um zu leben« in Erinnerung (Johannes 11,25, Lukas 9,23 und Matthäus 10,34–39). Wörtlich genommen ergeben sie keinen Sinn, und deshalb werden sie Ihre bewussten Schutzmechanismen überwinden, so dass Sie aus diesen Bildern heraus leben können.

3) Trancezustände sind sich ständig wiederholende Reaktionen auf Erfahrungen aus der Kindheit, sie sind also echt. Man hat wieder solche Angst vor der Welt wie damals, als man drei oder sieben Jahre alt war. Weil es sich bei der Trance um eine echte, quasi wortwörtliche Wiederholung handelt, kann man sie durch Gleichnisse und Paradoxa aufbrechen. Erinnern Sie sich vor allem an Matthäus 7,7 und Lukas 6,35. Das wird ihren Glauben stärken, denn diese Passagen liefern Bilder des Universums, die nicht zu Ihren Überzeugungen passen, und deshalb wird auch eine Meditation über diese Bibelstellen Ihre Trance mildern.

4) Tragen Sie immer das Bild eines Engels bei sich. In der Bibel ist 365 Mal von Engeln die Rede, einmal für jeden Tag des Jahres. Der erste Satz, den sie sprechen, lautet fast immer: »Fürchte dich nicht«. Wenn das Bild eines Engels Sie jeden Tag an diesen Ausspruch erinnert, werden Sie sich dadurch gestärkt fühlen.

SIEBENer –
Leugne alles und mach weiter

SIEBENer sind die unbeschwerten OptimistInnen unter den Enneagramm-Typen. Sie verfügen über ein enorme Energie und eine natürliche Heiterkeit, die auf jeden – zumindest anfangs – anziehend wirken. Sie sind beweglich, lieben ihre Entscheidungsfreiheit, sind immer offen für neue Ideen, neue Orte, aufregende Möglichkeiten. Sie vermeiden es, eingesperrt oder abgeschnitten zu sein. Von Natur aus sind sie mitteilsam, enthusiastisch und anregend. Kurz: Sie besitzen die Tugenden der Jungen und Junggebliebenen, und tatsächlich werden sie in der Enneagramm-Literatur als »ewige Kinder« bezeichnet (in der klassischen Literatur als *puer aeternus* oder *puella aeterna*).

Der Hofnarr illustriert die Fixierung der SIEBEN. Er lebt wie die SIEBEN in Angst und Schrecken, denn wenn seine Späße dem König nicht gefallen, verliert er seinen Job und seinen Kopf mit einem einzigen Streich.

Die natürliche Begabung der SIEBEN ist die des Hofnarren. SIEBENer haben oft eine besondere Begabung für schmeichelhafte Reden, mit deren Hilfe sie Gefahren und sogar den Zorn des Königs von sich abwenden können. Die SIEBEN, der Clown oder Hofnarr, kann dem König Dinge erzählen, die er hören muss (dass ist ihr Job), aber sie muss sie ihm so erzählen, dass er nicht wütend wird. Dadurch entwickelt die SIEBEN ihre Fähigkeit, die Wahrheit mit Zuckerguss zu überziehen. Der König bekommt seine bittere Pille mit einem süßen Überzug.

Nun kann die Kunst, die Wahrheit so zu erzählen, dass man die eigene Haut rettet, leicht einen Betrüger oder Scharlatan aus der SIEBEN machen. Sie lernt zu unterhalten. SIEBENer glauben, dass der Begriff »todlangweilig« wörtlich gemeint ist. Sie meiden Langeweile wie die Pest und versuchen, selbst niemals langweilig für andere zu sein. Sie kämpfen, um die Angst von sich fernzuhalten. Achten Sie einmal darauf, wie ein Komödiant »stirbt«; es zeigt den inneren Kampf einer SIEBEN.

Dem Verhalten der SIEBEN liegt eine beschränkte Weltsicht zugrunde. Sie ist nicht zufrieden mit der Welt, deshalb versucht sie, sie befriedigend zu machen. Eine SIEBEN erzählt, dass sie einmal mit ihrer etwas jüngeren Schwester von einer Party nach Hause kam. Als ihre Mutter sie fragte, ob sie sich amüsiert hätten, antwortete ihre Schwester: »Ich weiß nicht, Clara hat ihren Bericht noch nicht abgegeben.« Keine Party konnte so gut sein wie die Erzählung ihrer Schwester darüber.

Wonach SIEBENer sich sehnen

Die SIEBEN will »genug« haben oder sein, aber sie hat oder ist nie genug. Gerade dem ihr zugeteilten Stück Wirklichkeit fehlt etwas. Irgendwo anders ist irgendjemand oder irgendetwas reicher oder spannender. Ihr Stück ist unverhältnismäßig klein. Man hat ihr ein schlechtes Blatt gegeben, und sie weigert sich jetzt, damit zu spielen. Sie will ein anderes Spiel spielen, nach anderen Regeln oder aber mit drei Blättern auf einmal.

Wonach sie streben

SIEBENer streben nach mehr. Wenn eine Party langweilig ist, ist es womöglich sicherer, an einem Abend auf drei Partys nacheinander eingeladen zu sein. Wenn ein Plan für eine Reise sich zerschlägt, dann ist es vielleicht gut, Plan B und C in der Hinterhand zu haben, um sein Ziel zu erreichen. Wenn es mit einem Liebhaber nicht so gut läuft, dann können zwei oder drei vielleicht garantieren, dass die Gefühle nicht brachliegen. Aber vielleicht auch nicht. SIEBENer ersetzen Qualität durch Quantität und Tiefe durch Breite, ohne es selbst zu merken. Sechs Instrumente ein bisschen spielen zu können ist nicht dasselbe wie Meisterschaft auf einem einzigen, auch wenn man etwa die gleiche Übungszeit investiert.

Der Mechanismus der Verarmung

Wie schafft es die SIEBEN, die Welt so verarmen zu lassen, dass sie sich gezwungen sieht, sie erneut zu bereichern? Interessant ist der Elan, den sie bei der Suche nach Alternativen aufbringt, mit denen sie auf jeden Fall den Rahm abschöpfen will. Die SIEBEN redet sich selbst ein, dass diese Wirklichkeit, hier und jetzt, langweilig ist und ihnen keine Freude und Erfüllung liefern kann. Also fängt sie an, andere Optionen zu entwickeln; wenn sich irgendein Plan zerschlägt, kann sie schnell den Ort, die Freunde, den Plan oder die Kleider wechseln – alles, was nötig ist. Eine SIEBEN ist jemand, der dreizehn billige Anzüge hat und keinen einzigen guten.

Diese Vielfalt mündet in einen gewissen Überdruss, den die SIEBEN auch bemerkt und den sie mit dem gleichen Mechanismus zu beseitigen versucht, der dieses Problem erst geschaffen hat. (Wir sind verloren, fahr schneller!) Schließlich stellt auch sie vielleicht fest, dass sie nie genug von dem bekommt, was sie eigentlich gar nicht haben will.

SIEBENer haben einen bestimmten Blick auf die Welt, der diese Welt kleiner macht. Sie sehen nur die Sonnenseite des Lebens, deshalb wirkt die Welt platt und substanzlos. Das Gewicht der Schattenseite fehlt, und die SIEBENer leiden manchmal unter einem Mangel an Schwere. Unangemessene Freude wird zu Albernheit. In einem Leben voller Kampf flüchten sie sich in die Komik. Ständige Komödie ist ewige Adoleszenz und, paradoxerweise, letztendlich langweilig. C. G. Jung bezeichnete die Rolle des Hofnarrs und des Clowns als einen menschlichen Archetyp. Ein Hofnarr, der nichts zu sagen hat, wird zum Narren im platten Sinne.

Weil die SIEBENer immer lieber auf die schöne Seite der Dinge schauen, empfinden sie wenig oder überhaupt keine Schuld. Sie hüpfen im Leben von Gipfel zu Gipfel und schleppen sich nie durch das tiefe Tal der Finsternis. Dadurch versäumen sie aber auch viel.

Jesus wurde in der Einsamkeit versucht, sich für das Gute und gegen das Böse zu entscheiden:

> Dann wurde Jesus vom Geist in die Wüste geführt; dort sollte er vom Teufel in Versuchung geführt werden. Als er vierzig Tage und vierzig Nächte gefastet hatte, bekam er Hunger. Da trat der Versucher an ihn heran und sagte: Wenn du Gottes Sohn bist, so befiehl, dass aus diesen Steinen Brot wird. Er aber antwortete: In der Schrift heißt es: Der Mensch lebt nicht nur von Brot, sondern von jedem Wort, das aus Gottes Mund kommt. (Matthäus 4,1–4)

Obwohl diese Antwort am Ende einer längeren Fastenzeit steht, geht es in ihr nicht in erster Linie um Nahrung. Die Passage ist wahrscheinlich nach dem Vaterunser geformt, das Matthäus uns ebenfalls überliefert hat und in dem wir um unser tägliches Brot bitten. Wir bitten den Vater um alles, was wir brauchen. Wir erkennen an, dass wir geschaffen sind und in völliger Abhängigkeit leben. Wir leben durch das Brot. Steine dagegen symbolisierten den Tod. In einem späteren Kapitel sagt Jesus:

> Oder ist einer unter euch, der seinem Sohn einen Stein gibt, wenn er um Brot bittet? (Matthäus 7,9)

Jesus lehnt es ab, nur von den guten Gaben Gottes zu leben, er besteht darauf, von jedem Wort Gottes zu leben. Er wird das Negative und das Positive akzeptieren, er wird den Tod und das Leben von seinem Vater annehmen.

Genau diese Dynamik muss die SIEBEN lernen – die Fülle des Lebens entspringt dem Werden und Vergehen. Den Tod zu umgehen bedeutet auch, nie in die Tiefe zu gehen und sich immer Gedanken darüber zu machen, dass das Leben nicht befriedigend ist. Wenn man die Steine ablehnt, lehnt man einen Teil der Realität ab. Die Sünde der Unmäßigkeit ist die dynamische Lösung für dieses Problem, für ein Leben ohne die ganze Palette menschlicher Erfahrung, zu der auch der Tod gehört. Es ist, als ob man Musik auf einer Stereoanlage hört, bei der die Basslautsprecher ausgefallen sind. Der Klang ist nicht befriedigend, auch wenn die Lautstärke hochgedreht ist.

Der unabhängige verlorene Sohn

Die Geschichte vom verlorenen Sohn im Lukas-Evangelium (15,11–33) ist besonders für SIEBENer sehr hilfreich, allerdings aus Gründen, die nicht sofort einsichtig sind. Viele Theorien gehen davon aus, dass sich SIEBENer schon als Kinder der Autorität untergeordnet haben. Sie sind oft gezwungen worden, zu schnell erwachsen zu werden und ihre eigenen Eltern zu sein und leben nach dem heimlichen Motto, dass es für eine glückliche Kindheit nie zu spät ist. Deshalb werden sie oft als der »selbstbezogenste« Enneagramm-Typ bezeichnet.

In der Geschichte vom verlorenen Sohn will der Sohn »selbstbezüglich« sein. Wahrscheinlich ging es ihm zu Hause ganz gut, aber er wollte seinen Reichtum unabhängig von seinem Vater genießen.

Dieser Wunsch, *unabhängig* reich zu sein, verdirbt den Menschen und widerspricht dem biblischen Konzept, dass wir *in unserer Abhängigkeit* reich sind. Unser Vater, der weiß, was wir wirklich brauchen, wird uns alles geben, was wir brauchen, und zwar täglich. Wir sind reich, weil wir mit ihm verbunden sind. Wir sind reich, weil unserem Vater die Welt gehört. Wir sind reicher, als wir es uns in unseren kühnsten Träumen vorstellen können, weil uns ein Planet von unaussprechlicher Schönheit und Fülle geschenkt worden ist. Aber wir sind Geschöpfe, ein Thema, das Jesus im Gleichnis vom Weinstock und den Reben im Johannes-Evangelium in aller Breite ausführt. Seine zentrale Botschaft lautet, dass wir alle nur in dem Maße gedeihen werden, in dem wir mit ihm vereint sind, so wie er mit seinem Vater vereint ist.

Der verlorene Sohn weiß nicht, dass Reichtum in der Einheit mit seinem Vater besteht. Er will sich abnabeln. Der Sohn isst Schweinefraß, eine Schande für Juden. Er beleidigt seinen Vater zutiefst, indem er um seine Erbschaft bittet, denn das bedeutet, dass er seinen Vater für tot erklärt. Und das einzige, was der junge Mann so gewinnen kann, ist, seinen Reichtum zu besitzen, ohne die Verbindung zu seinem Vater aufrechtzuerhalten.

SIEBENer müssen erkennen, dass der Vater die Verbindung niemals abbricht. Das fällt ihnen scheinbar leicht, weil sie kaum Schuldgefühle haben. Sie sehen keinen Grund, weshalb Gott nicht mit ihnen vereint sein sollte. Wenn jedoch Schmerz und Versagen drohen, ist es für eine SIEBEN ähnlich schwer wie für den verlorenen Sohn, sich die Gegenwart Gottes bewusst zu machen, weil für sie Schmerz etwas ist, was man möglichst umgehen sollte. Wenn Gott keine angenehme Welt schafft, tut er eigentlich nicht, was er tun sollte. Oder aber er existiert gar nicht beziehungsweise ist nicht auf der Seite der SIEBEN.

Der Vater ist außer sich vor Freude, weil sein Sohn tot gewesen und jetzt wieder wieder ins Leben zurückgekehrt ist. In der biblischen Vorstellung sind Leben und Einheit fast gleichbedeutend. Jeder weiß, dass ein Zweig, eine Blume oder eine Wurzel sterben muss, wenn man sie von der Pflanze als ganzer abtrennt. Doch SIEBENer machen sich das oft nicht klar. Ihre Beziehungen sind meist oberflächlich und oft nicht lebenspendend. SIEBENer können sich schwer dazu durchringen, durch den Tod zu gehen, um ein neues, stärkeres Leben zu gewinnen. Sie sollten das Gleichnis als eine Abhängigkeitserklärung lesen und im verlorenen Sohn die

Sünde der Unabhängigkeit verkörpert sehen. Unsere individualistische Kultur fördert die Unabhängigkeit der SIEBENer, und deshalb ist das Gleichnis ein gutes Korrektiv.

Verloren und gefunden

Jesus spricht:

> Oder wenn eine Frau zehn Drachmen hat und eine davon verliert, zündet sie dann nicht eine Lampe an, fegt das ganze Haus und sucht unermüdlich, bis sie das Geldstück findet? Und wenn sie es gefunden hat, ruft sie ihre Freundinnen und Nachbarinnen zusammen und sagt: Freut euch mit mir; ich habe die Drachme wiedergefunden, die ich verloren hatte. Ich sage euch: Ebenso herrscht auch bei den Engeln Gottes Freude über einen einzigen Sünder, der umkehrt. (Lukas 15,8–10)

Es besteht ein himmelweiter Unterschied zwischen Rechtschaffenheit und Reue, auch wenn beides vielleicht in dasselbe Verhalten mündet. Das Enneagramm konzentriert sich stärker auf die zugrunde liegende Energie als auf das sichtbare Verhalten einer Person. Und Jesus kümmerte sich nicht übermäßig um das Verhalten seiner Anhänger, bestand aber ebenso wie Johannes der Täufer vor ihm und die Propheten vor ihnen beiden darauf, dass sie ihre Sünden wirklich bereuen.

Im Lukas-Evangelium steht vor diesem Gleichnis noch ein weiteres zum selben Thema:

> Wenn einer von euch hundert Schafe hat und eins davon verliert, lässt er dann nicht die neunundneunzig in der Steppe zurück und geht dem verlorenen nach, bis er es findet? Und wenn er es gefunden hat, nimmt er es voll Freude auf die Schultern, und wenn er nach Hause kommt, ruft er seine Freunde und Nachbarn zusammen und sagt zu ihnen: Freut euch mit mir; ich habe mein Schaf wiedergefunden, das verloren war. Ich sage euch: Ebenso wird auch im Himmel mehr Freude herrschen über einen einzigen Sünder, der umkehrt, als über neunundneunzig Gerechte, die es nicht nötig haben umzukehren. (Lukas 15, 4–7)

Wie schon früher erwähnt, setzt Matthäus dieses Gleichnis ein, um die Unterscheidung von guten und bösen Menschen aufzuheben, Lukas dagegen benutzt es, um die Dynamik der Reue herauszustellen. Jesus erteilt keine Ratschläge. Wie alle Gleichnisse ist auch dieses schwer zu verstehen, wenn man es wörtlich nimmt. Deshalb sinken Gleichnisse tief in unsere Seele und lösen die kindischen Gedankenmuster, die uns in einer verarmten Welt festhalten. Unsere Enneagramm-Trance, die sich nur auf einige wenige Realitäten konzentriert, an die wir uns erinnern, bildet einen starren Panzer der Abwehr und Scham um uns. Die Gleichnisse lösen unsere verzerrten Weltbilder auf und überzeugen uns davon, dass wir auf dem falschen Weg sind. Dann erst sind wir frei, über die Einladung Gottes nachzudenken.

SIEBENer empfinden einen ganz typischen Widerwillen gegen die Reue, denn Reue bedeutet auch, dass man sich mit dem Unterbewusstsein auseinandersetzen und sich mit einigen Dingen beschäftigen muss, die nichts mit Spaß und Heiterkeit zu tun haben. Reue ist eine Bewegung weg von Sicherheit und Freude hinunter durch Verderben und Fremdheit zu etwas Ungewissem, Unbekanntem. SIEBENer halten es nicht für nötig, sich mit den schlechten Zeiten zu beschäftigen. Wenn Jesus erklärt, dass er Reue für wichtiger hält als Wohlverhalten, ergibt das auf den ersten Blick keinen Sinn für SIEBENer – und ist gerade deshalb unglaublich wertvoll für sie.

Das Gleichnis ignoriert absichtlich gängige Vorstellungen. Warum sollte man jemanden höher belohnen, wenn er den Übergang von böse zu gut schafft, als wenn er immer gut geblieben ist? Warum sollte sich jemand so sehr darüber freuen, dass er etwas wiederfindet, was verloren war, statt darüber, dass er nichts verloren hat? Man kann vielleicht noch nachvollziehen, dass Menschen sich freuen, wenn sie etwas wiederfinden, aber dass Gott sich genau so verhält, wirkt seltsam.

Die Botschaft liegt tiefer. Spirituelles Wachstum entsteht dadurch, dass man das Negative umwandelt. Das Enneagramm spricht die negativen Charakterzüge, die der Umwandlung bedürfen, deutlich an. Das Gleichnis deutet diese Wahrheit mit Hilfe eines Bildes an und reißt der in ihrer Trance gefangenen SIEBEN so die Maske des Frohsinns vom Gesicht.

Die Geschichte vom verlorenen Sohn birgt eine versteckte Gefahr für die SIEBEN. SIEBENer wirken oft verführerisch, unter anderem dadurch, dass sie schnell zur Vergebung bereit sind. Weil sie antiautoritär eingestellt sind und relativ lässig mit Konventionen und Gesetzen umgehen, ist es für sie manchmal einfach, sich mit den Fehlern ihrer Freunde anzufreunden. SIEBENer können destruktives und unmoralisches Verhalten vergeben (natürlich nur, solange sie nicht selbst darunter leiden). Wenn sich eine SIEBEN also mit dem Vater des verlorenen Sohnes identifiziert (etwa als Elternteil), muss sie sich darauf einstellen, auch den Menschen zu vergeben, die sie wirklich verletzt haben, nicht nur denen, die ein Gesetz gebrochen oder eine Konvention übertreten haben.

Das Glück der Reue

Die Menschen gehen davon aus, dass SIEBENer glücklich sind, weil sie optimistisch und lebensfroh wirken, doch sie sind nicht glücklicher als jeder andere Typ. Sie beschäftigen sich einfach nur mit dem fröhlichen Teil des Lebens und leugnen alles andere. Sie gehen schnell über die Schattenseiten des Lebens hinweg, aber sie wissen genau, wo sie sich befinden, wenn auch nur, um sie zu umgehen. Reue ist der einzige Weg zu echtem Glück – aber dieser Weg ist dunkel und schmerzhaft.

Ungesunde SIEBENer fügen anderen Menschen mehr Schmerz zu, als sie selbst bewusst erleiden. Die Welt draußen muss ihnen oft Einhalt gebieten. Der verlorene Sohn »geht in sich«, allerdings erst, als er kein Geld, keine Freunde und kein Essen mehr hat. Darin ist er eine typische SIEBEN. Eine wachsame SECHS zum Beispiel hätte, als zehn Prozent des Geldes verloren waren, festgestellt, dass es so nicht lange gut gehen kann. SIEBENer sind Weltmeister im Verdrängen, bis sogar das Schweinefutter verlockend aussieht.

Die Betonung des Negativen

Jesus erzählt zwar einerseits Gleichnisse von der Fülle des Lebens, die auf SIEBENer ungeheuer anziehend wirken, andererseits aber sagt er auch vieles, was die emotionale Struktur der SIEBENer-Welt demontiert. Dazu gehört auch diese Reihe von Aussprüchen, über die eine Sieben nachdenken sollte:

> Dann begann er, sie darüber zu belehren, der Menschensohn müsse vieles erleiden und von den Ältesten, den Hohenpriestern und den Schriftgelehrten verworfen werden; er werde ge-

tötet, aber nach drei Tagen werde er auferstehen. Und er redete ganz offen darüber. Da nahm ihn Petrus beiseite und machte ihm Vorwürfe. Jesus wandte sich um, sah seine Jünger an und wies Petrus mit den Worten zurecht: Weg mit dir, Satan, geh mir aus den Augen! Denn du hast nicht das im Sinn, was Gott will, sondern was die Menschen wollen. (Markus 8,31–33)

Eine ungesunde SIEBEN verhält sich in vielem wie ein falscher Prophet. Sie erzählt der Autorität nur, was diese hören will. Im Matthäus-Evangelium geht Petrus noch weiter: Er will Jesus nicht über den Tod sprechen lassen, der ihm bevorsteht:

> Von da an begann Jesus, seinen Jüngern zu erklären, er müsse nach Jerusalem gehen und von den Ältesten, den Hohenpriestern und den Schriftgelehrten vieles erleiden; er werde getötet werden, aber am dritten Tag werde er auferstehen. Da nahm ihn Petrus beiseite und machte ihm Vorwürfe; er sagte: Das soll Gott verhüten, Herr! Das darf nicht mit dir geschehen! Jesus aber wandte sich um und sagte zu Petrus: Weg mit dir, Satan, geh mir aus den Augen! Du willst mich zu Fall bringen; denn du hast nicht das im Sinn, was Gott will, sondern was die Menschen wollen. (Matthäus 16,21–23)

Die SIEBENer-Trance des zwanghaften Optimismus kann durch die fundamentale Dynamik in Jesu Leben geschwächt werden: Er besiegte den Tod, indem er starb. Er überwand die Macht des Bösen, indem er sich ihr auslieferte. Wenn eine SIEBEN das in sich aufnimmt, geben ihr diese Paradoxa den Mut, sich mit den Aspekten des Todes in ihrem Leben zu beschäftigen.

Auch ein anderes Gleichnis kann SIEBENern helfen:

> Wenn jemand zu mir kommt und nicht Vater und Mutter, Frau und Kinder, Brüder und Schwestern, ja sogar sein Leben gering achtet, dann kann er nicht mein Jünger sein. Wer nicht sein Kreuz trägt und mir nachfolgt, der kann nicht mein Jünger sein. Wenn einer von euch einen Turm bauen will, setzt er sich dann nicht zuerst hin und rechnet, ob seine Mittel für das ganze Vorhaben ausreichen? Sonst könnte es geschehen, dass er das Fundament gelegt hat, dann aber den Bau nicht fertigstellen kann. Und alle, die es sehen, würden ihn verspotten

und sagen: Der da hat einen Bau begonnen und konnte ihn nicht zu Ende führen. (Lukas 14,26-30)

Jesus fordert totale Hingabe. Seine Aufforderung, Verwandte gering zu achten, muss man vor dem Hintergrund einer Gleichsetzung von Religion und Volkszugehörigkeit sehen: In den Augen der Juden waren alle anderen Völker unrein. Sie nannten sie *Gojim* (Völker), in ihren Augen ein Schimpfwort. Bestimmte Nahrungsmittel und Tiere waren ebenso unrein wie bestimmte Menschen. Die meisten Juden zur Zeit Jesu konnten sich nicht vorstellen, alle Menschen als Kinder Gottes zu betrachten. Deshalb verletzte es die Familien und Verwandten der ersten Judenchristen sicher zutiefst, wenn diese sich Jesus anschlossen und alle Menschen als Kinder Gottes liebten. Jesus wollte deutlich machen, dass die Hingabe an diese universelle Vaterschaft und Geschwisterlichkeit so wichtig ist, dass sie über allen anderen Verpflichtungen stehen muss. Der Ausspruch unterstreicht die schmerzhafte dunklere Seite der Liebe – sie kann dich alles kosten – und fordert so die Weltsicht der SIEBENer heraus.

Die Fesseln der Hingabe

Siebener wehren sich gegen eine völlige Hingabe, weil sie sie als Fessel empfinden. Sie bevorzugen Wahlmöglichkeiten, die Chance, drei Dinge auf einmal zu tun und sich dafür nur zeitweise oder halbherzig zu engagieren. Die Vielfalt der Optionen schützt gegen das Gefühl, auf keine von ihnen wirklich bauen zu können. Wenn man diesen Schutzmechanismus auch auf Beziehungen anwendet, entsteht daraus eine Vielzahl von Beziehungen, in denen sich keiner auf die völlige Hingabe des anderen verlassen kann. Jesus fordert genau das Gegenteil.

Dieser Mangel an Engagement lässt sich auch bei den SIEBENern auf die Grundangst ihres Typs zurückführen. Sie bekommen Probleme, weil sie vor festen Bindungen zurückschrecken, doch ihre Motivation dabei ist Misstrauen, nicht Ablehnung. Sie können sich auf die andere Person nicht verlassen, also halten sie noch eine andere in Reserve. SIEBENer leben in einer unzuverlässigen Welt. So steht ihre Furcht dem Glauben entgegen. Jesus sagt, dass man auf Gott vertrauen kann, auch wenn man sein Leben verliert. Die Furcht sagt, dass man nicht nur nicht auf Gott vertrauen kann, sondern auf nichts und niemanden.

Ein Ausspruch Jesu lautet:

Darum kann keiner von euch mein Jünger sein, wenn er nicht auf seinen ganzen Besitz verzichtet. (Lukas 14,33)

Verzicht fällt einer SIEBEN sehr schwer. Es ist als wolle man einen Menschen, der aus Gewohnheit immer Brücken aus fünf Schichten von wurmstichigen Balken baut, davon überzeugen, dass er diese so sicher wirkende Masse aufgeben und den Fluss auf nur einem Balken überqueren soll. Es bedarf wirklich einer großen Überredungskunst, um die SIEBEN über diesen einfachen dicken Balken hinüberzulocken.

Jesus versucht es, indem er ihr mit Hilfe eines Paradoxons erklärt, dass ihre jetzige Brücke nicht halten wird:

Wer das Leben gewinnen will, wird es verlieren; wer aber das Leben um meinetwillen verliert, wird es gewinnen. (Matthäus 10,39)

Dieses Paradoxon neutralisiert die Verlustangst, indem sie sie direkt anspricht: Wenn du aus eigener Kraft heraus versuchst, deine Bedürfnisse zu befriedigen, wenn du versuchst, Erfolg zu haben, »etwas aus dir zu machen«, ist dieser Versuch zum Scheitern verurteilt. SIEBENer wissen, dass das richtig ist. Weil sie sich nicht darauf verlassen können, dass irgendeine Person, ein Ort oder eine Tätigkeit sie erfüllt, springen sie weiterhin vom einen zum andern. Deshalb fühlen sie sich von diesem Teil des Paradoxons angesprochen. Wenn sie sowieso sterben müssen; wenn diese Brücke oder dieses Kettenglied, dieser Mensch oder dieser Job sich als unzuverlässig erweist, dann geben sie sie einfach auf. Sie setzen Vertrauen auf Menschen und Dinge, denen sie nicht vertrauen können, weil das ihre einzige Möglichkeit ist. Das passiert vielen SIEBENern. Sie machen eine Therapie, weil sie erschöpft sind oder weil ihre Familie darauf besteht, dass sie so nicht weitermachen können.

Wenn man jedoch ein Paradoxon oder ein Gleichnis radikal auf eine rationale Erklärung reduziert, geht etwas Wesentliches verloren. Ein Paradox ist ein dynamisches Ungleichgewicht. Immer, wenn es in unserem Bewusstsein aufscheint, entsteht ein neuer Kontext, eine neue Facette, ein neues Verständnis. Die Vorstellung, unser Leben zu verlieren, um es zu gewinnen, ergibt jedes Mal, wenn wir darüber nachdenken, ein Ungleichgewicht in einem etwas anderen Sinn. Dieses Ungleichgewicht ist die Quelle des Wachstums, wie die verrotteten Blätter des vergangenen Jahres die Nahrung für die neue Pflanze in diesem Jahr bilden. Die Gleichnisse über das Verlieren und Wiederfinden illustrieren das sehr gut. Warum zieht Jesus diese Gleichnisse anderen vor, in denen etwas gar nicht erst verloren gegangen ist? Warum erzählt er nicht Gleichnisse über das Geborgensein, garniert mit Anweisungen, wie man nicht verloren geht? Das spirituelle Leben ist auf ständiges Wachstum und fortwährende Transformation ausgerichtet. Das bedeutet, dass man dorthin gehen muss, wo man noch nie gewesen ist, was wiederum eine Form von »Verlorengehen« ist.

SIEBENer benehmen sich gerade deshalb oft wohlerzogen. Sie sind besonders charmant, und Charme besteht zum Teil darin, dass man sich so verhält, dass man allen gefällt. Meist stehen sie mit allen auf gutem Fuße, zumindest bis irgendwelche Unannehmlichkeiten auftauchen. Aber natürlich setzen SIEBENer alles daran, um gerade das zu vermeiden.

Echte Moral und Charakterstärke schließen auch unpopuläre Entscheidungen ein. Sie folgt keinem klaren Plan, denn sie ist zu differenziert, um in ein Regelwerk gepresst zu werden. SIEBENer dagegen folgen den Regeln oft, um Unannehmlichkeiten und Schmerz zu vermeiden. Das ist vielleicht gutes Benehmen, aber keine Moral im christlichen Sinne.

Das gefürchtete Kreuz

Um die aufreibende Suche der SIEBENer nach einem Leben auf dornenlosen Rosen zu enttäuschen, wählt Jesus ein sehr verständliches Paradoxon:

> ... Wer mein Jünger sein will, der verleugne sich selbst, nehme sein Kreuz auf sich und folge mir nach. Denn wer sein Leben retten will, wird es verlieren; wer aber sein Leben um meinetwillen und um des Evangeliums willen verliert, wird es retten. Was nützt es einem Menschen, wenn er die ganze Welt gewinnt, dabei aber sein Leben einbüßt? Um welchen Preis könnte ein Mensch sein Leben zurückkaufen? (Markus 8,34–37)

Hier steigert Jesus den Einsatz in schwindelerregende Höhen. Das Leben steht auf dem Spiel. Er sagt, dass wir die ganze Welt gewinnen können – das ist wahrscheinlich anziehend für einen Typ, dessen größte Sünde die Unmäßigkeit ist. Doch nachdem wir die ganze Welt gewonnen haben, verlieren wir.

Die Frage, die Jesus stellt und nicht beantwortet, lautet: Warum sollte uns der Gewinn der ganzen Welt das Leben kosten? Er setzt die Antwort voraus, oder er setzt voraus, dass seine Zuhörer die Antwort kennen. An dieser Stelle im Markus-Evangelium ist Jesus schon auf seinem Weg nach Jerusalem, und er wird sein Leben verlieren, ebenso wie seine Jünger, sofern sie an ihn glauben.

Doch damit stellt sich die Frage auf einer tieferen Ebene: Warum ging Jesus freiwillig in den Tod? Die christliche Überlieferung weist immer wieder darauf hin, dass es sich nicht um einen Selbstmord handelte, weil er für sein Evangelium starb.

Dies kann etwas Licht auf die psychische Dynamik werfen, die SIEBENer so schwer verstehen. Wenn wir irgendeine Sache so wichtig finden, dass wir für sie sterben würden, dann gewinnen wir unser Leben. Es ist, anders als so manche leichtfertigen Vergnügungen, zutiefst befriedigend. Wir haben Menschen gesehen, die sich auch für schändliche Dinge wie die Überlegenheit der weißen Rasse oder für triviale Dinge wie eine Fußballmannschaft mit Leidenschaft und Enthusiasmus einsetzen. Ihre Energie und ihre Ziele mögen trivial sein, doch die Dynamik, die dahinter steht, ist es nicht. Konzentriertes Engagement setzt Energien frei. Jesus hielt sein Evangelium für so wichtig, dass er ganz sicher bereit war, dafür zu sterben. Sein Verständnis von der Beziehung seines Vaters zur Welt war so wichtig, so zentral und so lebenspendend, dass er auch sein eigenes Leben einsetzte, damit die Menschen davon erfuhren.

Der Maßlose, der immer alles mitnimmt, was sich ihm bietet, immer rafft, muss die Dynamik des Loslassens lernen, und zwar auf verschiedenen Ebenen. Der ängstliche Maßlose ähnelt in seiner psychischen Haltung dem Fettleibigen. Er kann zu nichts Nein sagen, bis er zu einer Diät gezwungen wird, bei der er zu fast allem Nein sagen muss, um »sein Leben zu retten«. Doch es ist kein wahlloses Loslassen. Die Hingabe muss ihm vorausgehen, und Hingabe ist immer ein Glaubensakt.

Das Paradoxon erzwingt eine Bewegung in der SIEBEN. Die Kombination aus einer Todesdrohung, die ihre Angst weckt, und dem Versprechen eines neuen Lebens, das ihre Unmäßigkeit anspricht, versetzt die SIEBEN in einen Zustand ständiger Bewegung wie den Plus- und Minus-Pol eines elektromagnetischen Relais in einem Motor. Um das zu bekommen, was sie sich am meisten wünscht, muss sie das tun, was sie am wenigsten will. So werden Angst und Verlangen, die beiden Leidenschaften, die sie kontrollieren, gegeneinander ausgespielt. Keine von beiden wird jemals ganz verschwinden, es ist also egal, wie sehr sie wünscht oder fürchtet, sie muss ständig mit beiden umgehen. Je stärker sie daran glaubt, dass es ein Leben nach dem Schmerz und dem Tod gibt, desto besser wird sie in der Lage sein, sich dem Schmerz und dem Tod zu stellen. Und wenn sie sich ihnen stellt, wird sie mit dem belohnt, was sie sich am meisten wünscht – mit der Fülle des Lebens.

Was können SIEBENer tun?

In einer alten christlichen Überlieferung wurde das Kreuz ohne den Leib Christi, dafür aber mit Juwelen geschmückt dargestellt. Es heißt auf Lateinisch die crux gemmata. Für SIEBENer verkörpert es die Verheißung der Herrlichkeit mitten im Leid. Stellen Sie es an einem für Sie wichtigen Ort auf.

Achter –
Die liebenswürdige Dampfwalze

Wenn Sie vor einer großen Aufgabe oder einem harten Kampf stehen, oder wenn Sie in schweren Zeiten einen Freund brauchen, der sich für Sie einsetzt, suchen Sie nach einer ACHT. Gesunde ACHTer gehören zu den vitalsten, energiegeladensten, tatkräftigsten und geselligsten Gefährten, die man sich denken kann. Manchmal erinnern sie mit ihren Idealen, denen sie furchtlos und mit großem Einsatz folgen, an die Ritter der Tafelrunde.

Gesunde ACHTer sind gute Freunde und wirklich herausragende Führungspersönlichkeiten. Sie können Entscheidungen treffen, aus einer Position der Stärke heraus agieren, und haben die Energie und den Mut, zu tun, was getan werden muss, egal, was es sie selbst kostet.

Gesunde ACHTer sind in der Lage, zwei auf den ersten Blick unvereinbare Gegensätze miteinander zu verbinden: Heftigkeit und Zartgefühl. Sie werden es mit jedem Feind aufnehmen, wenn sie sich im Recht fühlen, und ein Opfer einer Ungerechtigkeit kann immer auf die Hilfe einer gesunden ACHT zählen. Heldenmut ist ihre Energie, die sie für die Barmherzigkeit und gegen die Ungerechtigkeit einsetzen.

ACHTer neigen dazu, das Leben als Kampf aufzufassen, deshalb konzentrieren sie sich auf die Machtfrage, wie auch ein Krieger seinen Gegner danach einschätzt, wie gefährlich er im Falle eines Angriffs sein könnte. Die ACHTer weisen genau die guten und schlechten Eigenschaften auf, die wir Soldaten oder Kriegern zuschreiben: sie sind stark, selbstverleugnend, loyal ihrer Gruppe gegenüber und destruktiv gegenüber »anderen«, aufrichtig (zielstrebig), einfallsreich, und von jener Wildheit, die ihnen eingeimpft wurde, um sie zu Kampfmaschinen zu machen.

Die Intensität der ACHTer wird in der Enneagramm-Tradition meist als Schamlosigkeit bezeichnet. In der mittelalterlichen scholastischen Überlieferung nach Thomas von Aquin war diese Sünde nur sexuell besetzt und firmierte unter dem Begriff »Wollust«. In der

Enneagramm-Tradition dagegen bezeichnet das Wort eine allgemeine Intensität – eine Lust auf Leben. ACHTer essen, trinken, arbeiten, lieben und spielen oft im Übermaß – und beweisen dabei enormes Fassungsvermögen und Standfestigkeit.

Wonach ACHTer sich sehnen

ACHTer wollen Gerechtigkeit. In ihren Augen war ihre Kindheit und Jugend eine Zeit der Ungerechtigkeiten und des Missbrauchs. Sie setzen alles daran, diese Ungerechtigkeiten zu beenden. Nun ist die Beseitigung von Unrecht noch nicht dasselbe wie die Einsetzung von Recht, aber je gesunder eine ACHT ist, desto stärker greifen diese Ideale ineinander. Erlöste ACHTer stehen bei sozialen Aktionen oft an vorderster Front, besonders wenn es dabei um die geht, die nicht selbst für ihre Rechte eintreten können: Kranke, Junge, Alte und Benachteiligte. In vielen Fällen werden zum Beispiel Hilfskomitees in Kirchengemeinden von ACHTern geleitet. ACHTer reagieren aus dem Bauch heraus. Wenn ihnen eine Ungerechtigkeit auffällt, versuchen sie instinktiv und mit aller Macht, die Situation zu bereinigen. Je offener und greifbarer das Unrecht ist, desto schneller und stärker ist auch die Reaktion der ACHTer. Sie agieren eher verbissen als diplomatisch, und ihre Fehleinschätzung liegt darin, dass sie glauben, der beste Weg, um Gerechtigkeit durchzusetzen, sei Macht – nicht unbedingt Gewalt, obwohl sie das auch eine für eine gute Möglichkeit halten.

Wonach sie streben

Rache. ACHTer sind sich der Ungerechtigkeiten in der Welt schmerzlich bewusst und haben selbst unter ihnen gelitten. Sie bekämpfen jedes Unrecht, um nicht vielleicht selbst wieder zum Opfer zu werden. Paradoxerweise steigern sich ACHTer manchmal so in diese Haltung hinein, dass sie Menschen terrorisieren und höchst ungerecht behandeln, während sie ihrer Meinung nach einfach nur das Gleichgewicht wieder herstellen. Manche ACHTer fühlen sich ständig angegriffen. In Stress-Situationen ziehen sie sich oft zurück und sind still, bis jemand sie attackiert – und dann geht es richtig rund. Viele dieser schweigsamen Cowboys aus den alten Westernfilmen sind ACHTer: Sie glauben an Wiedergutmachung durch Gewalt. Viele Therapeuten nennen die ACHTer »Racheengel«, und viele ACHTer verlebten ihre Kindheit vor dem Hintergrund tatsächlicher oder doch so empfundener Ungerechtigkeiten. Ihr Zorn entspringt dem Entschluss, sich dieses Unrecht von der Welt nicht länger zumuten zu lassen.

Je ungesünder eine ACHT ist, desto eher sind ihre Aktivitäten eine instinktive Reaktion auf alles, was falsch läuft, und desto weniger wichtig ist ihr eine vernünftige, abgewogene, gerechte Lösung. Sie ist süchtig nach dem guten Gefühl der Rache. Rache befriedigt kurzfristig, aber sie schafft keine Gerechtigkeit. Meist lässt sie ein Ungleichgewicht zugunsten der ACHT entstehen und gibt ihr dadurch für einige Zeit ein gutes Gefühl, aber das ist keine Gerechtigkeit. Schlimmer noch, es verstärkt den Eindruck der ACHT, dass die Welt eine feindliche Umgebung ist, in der man frisst oder gefressen wird.

Letztendlich sehnt sich die ACHT nach Fürsorge oder emotionaler Gerechtigkeit. Liebende Fürsorge hat sie in ihrer Kindheit nicht erfahren, und weil sie sie schätzt, aber nicht bekommen kann, projiziert sie ihr Bedürfnis auf andere und kümmert sich um sie.

Wie alle Abhängigen bekommen ACHTer nie genug von dem, was sie eigentlich nicht wollen. ACHTer wollen eigentlich eine Art kosmischer Gerechtigkeit, aber sie sind stattdessen süchtig nach Vergeltung. Wenn sie auf dem richtigen Weg, auf einer wirklich emotionalen Ebene nach Gerechtigkeit streben, suchen sie nach Fürsorge, die ein inneres Gleichgewicht entstehen lässt; Vergeltung dagegen verursacht nur neuen Schmerz.

Rache heilt nicht die Ungerechtigkeiten, die man als Kind erfahren hat. Eine ACHT fühlt diese Verletzungen immer noch. Aber wie kann sie als Erwachsene diejenigen bestrafen, von denen sie sich als Kind ungerecht behandelt fühlte – egal ob es ihre Eltern, LehrerInnen oder andere Menschen waren? Auch wenn sie es könnte, würde sie sich danach auf lange Sicht nicht besser fühlen. Im Bereich der Gefühle ist Rache nicht möglich. Was auch immer die ACHT als Kind verloren hat, sie kann es sich als Erwachsene nicht zurückholen.

Nicht nur früher erlittenes Unrecht, sondern auch aktuelle Ungerechtigkeiten können nicht einfach aus der Welt geräumt werden. Niemand kann einen verlorenen guten Ruf, eine betrogene Freundschaft, eine zerbrochene Vase oder ein verletztes Gefühl zurückbringen. Mit Hilfe der Gerichte versucht man, diese Dinge mit Geld aufzuwiegen, aber das ist nur ein unzulänglicher Ersatz.

Die ACHTer-Trance, die aus dieser Weltsicht entsteht, ist eigentlich eine ständige Verengung der Aufmerksamkeit darauf, ob die Personen, mit denen man es zu tun hat, jeweils als Freunde oder Feinde einzuschätzen sind. In ihrer Trance gefangene ACHTER tendieren dazu, alle Beziehungen nur schwarz-weiß zu sehen; für sie sehen ihre Feinde wie Comic-Figuren oder Karikaturen aus. Man braucht diese Trance, um jemanden anzugreifen. Kämpfende Soldaten müssen ihren Feind entmenschlichen, um ihn mit Überzeugung töten zu können. Sie verwandeln ihn in eine Ziffer oder eine Karikatur: »Schlitzaugen«, »Japsen«, »Krauts« – die Liste ist so lang wie die Geschichte des Krieges.

Alles, was öffentlich ausgetragen wird, wenn zwei Staaten gegeneinander Krieg führen, spielt sich insgeheim auch in der Trance einer ACHT ab, die immer zum Krieg bereit ist.

Gutes Unkraut

Dieses Gleichnis Jesu zeugt davon, dass er die Mischung aus Gut und Böse versteht, die den ACHTERN solche Schwierigkeiten bereitet:

... Mit dem Himmelreich ist es wie mit einem Mann, der guten Samen auf seinen Acker säte. Während nun die Leute schliefen, kam sein Feind, säte Unkraut unter den Weizen und ging wieder weg. Als die Saat aufging und sich die Ähren bildeten, kam auch das Unkraut zum Vorschein. Da gingen die Knechte zu dem Gutsherrn und sagten: Herr, hast du nicht guten Samen auf deinen Acker gesät? Woher kommt dann das Unkraut? Er antwortete: Das hat ein Feind von mir getan. Da sagten die Knechte zu ihm: Sollen wir gehen und es ausreißen? Er entgegnete: Nein, sonst reißt ihr zusammen mit dem Unkraut auch den Weizen aus. Lasst beides wachsen bis zur Ernte. Wenn dann die Zeit der Ernte da ist, werde ich den Arbeitern sagen: Sammelt zuerst das Unkraut und bindet es in Bündel, um es zu verbrennen; den Weizen aber bringt in meine Scheune. (Matthäus 13,24–30)

In diesem herrlichen Gleichnis geht es um die Mischung von Gut und Böse und um den angemessenen Weg, damit umzugehen. ACHTER müssen ihrem Drang widerstehen, alles was böse ist, gewaltsam auszurotten. Rache vernichtet das Böse und zerstört die Bösen, doch gleichzeitig macht sie auch alles andere kaputt. Man kann das Gleichnis auch auf die eigene Person anwenden: Wir können nicht mit Gewalt unsere Fehler ausrotten, ohne dabei auch unsere guten Eigenschaften zu zerstören. Jeder, der sich mit dem Enneagramm beschäftigt, sollte über dieses Gleichnis nachdenken, wenn er daran geht, seine Hauptsünde zu bekämpfen.

Sportliche Wettkämpfe und Kriege sind genau auf das entgegengesetzte Ziel ausgerichtet. In einem Krieg wird das andere Land zu einem dämonischen Feind, der es mehr als verdient hat, mit Vernichtungswaffen angegriffen zu werden. In den Vereinigten Staaten ist man wütend, weil man es nicht geschafft hat, Saddam Hussein umzubringen. Und auch bei Wettkämpfen teilt sich die Welt fein säuberlich in Gut und Böse. Alles was am Gegner schlecht ist, ist gut für mich, und umgekehrt. Wenn man jedoch diese sportliche und militärische Metapher auf andere Bereiche überträgt, wirkt sie sehr beschränkt und destruktiv. Das Schwarz-Weiß-Denken, das man braucht, um im Sport oder im Krieg zu gewinnen, ist auch nicht annähernd geeignet, die komplexe Wirklichkeit zu beschreiben, in der sich Gut und Böse in derselben Person, demselben Land oder demselben Ereignis mischen. Jesu Gleichnis ist ein machtvolles Gegenmittel gegen diese Form des Schablonendenkens.

Krieg, Sport und altmodische Western wirken manchmal auch deshalb so anziehend, weil sie den mit der Komplexität verbundenen Stress anscheinend nicht kennen. Doch wenn sich John Wayne am nächsten Tag um die Kinder der von ihm ermordeten Indianer hätte kümmern müssen, wäre ihm vielleicht auch etwas anderes eingefallen als die ewige Ballerei.

Der barmherzige Samariter: Ein Widerspruch in sich?

Das Gleichnis vom Barmherzigen Samariter illustriert das Dilemma der ACHT. Die Geschichte kennen Sie alle:

> Da stand ein Gesetzeslehrer auf, und um Jesus auf die Probe zu stellen, fragte er ihn: Meister, was muss ich tun, um das ewige Leben zu gewinnen? Jesus sagte zu ihm: Was steht im Gesetz? Was liest du dort? Er antwortete: Du sollst den Herrn, deinen Gott, lieben mit ganzem Herzen und ganzer Seele, mit all deiner Kraft und all deinen Gedanken, und: Deinen Nächsten sollst du lieben wie dich selbst. Jesus sagte zu ihm: Du hast rich-

tig geantwortet. Handle danach, und du wirst leben. Der Gesetzeslehrer wollte seine Frage rechtfertigen und sagte zu Jesus: Und wer ist mein Nächster? Darauf antwortete ihm Jesus: Ein Mann ging von Jerusalem nach Jericho hinab und wurde von Räubern überfallen. Sie plünderten ihn aus und schlugen ihn nieder; dann gingen sie weg und ließen ihn halbtot liegen. Zufällig kam ein Priester denselben Weg herab; er sah ihn und ging weiter. Auch ein Levit kam zu der Stelle; er sah ihn und ging weiter. Dann kam ein Mann aus Samarien, der auf der Reise war. Als er ihn sah, hatte er Mitleid, ging zu ihm hin, goss Öl und Wein auf seine Wunden und verband sie. Dann hob er ihn auf sein Reittier, brachte ihn zu einer Herberge und sorgte für ihn. Am andern Morgen holte er zwei Denare hervor, gab sie dem Wirt und sagte: Sorge für ihn, und wenn du mehr für ihn brauchst, werde ich es dir bezahlen, wenn ich wiederkomme. Was meinst du: Wer von diesen dreien hat sich als der Nächste dessen erwiesen, der von den Räubern überfallen wurde? Der Gesetzeslehrer antwortete: Der, der barmherzig an ihm gehandelt hat. Da sagte Jesus zu ihm: Dann geh und handle genauso! (Lukas 10,25-37)

Die Juden hassten die Samariter. Wie die ACHTer teilte auch der Gesetzeslehrer im Gleichnis die Welt in Gute und Böse, Juden (Nächste) und Samariter (Fremde). Jesus verwirrt ihn – und die typische ACHT –, indem er das Gute in den Bösen sieht. Im Sport und im Krieg trägt man Uniformen, so dass man sofort erkennen kann, wer gut und wer böse ist. Im alltäglichen Leben tragen die Bösen keine Uniformen. Schlimmer noch, wer heute gut ist, kann morgen böse sein. Oder wer in einer Hinsicht gut ist, kann in einer anderen böse sein. Der Gesetzeslehrer hat (wie die ACHT) einen falschen Blick auf die Welt. Beide machen denselben Fehler, weil sie die Menschen säuberlich in zwei Gruppen aufteilen. Die wichtigste Aussage des Gleichnisses besteht *nicht* darin, dass man sich um Menschen in Not kümmern soll – das wusste der Gesetzeslehrer durchaus –, sondern darin, dass niemand völlig gut oder völlig böse ist. Wenn Trainer behaupten, Fußball sei mehr als ein Spiel, sei eine Metapher für das Leben, richten sie einen großen Schaden an, denn wenn das Schwarz-Weiß-Denken sich auch im Leben breit macht, kann es ein heilloses Chaos verursachen. Besonders ACHTer sind anfällig für solche Auffassungen. Sie müssen das Gleichnis in sich aufnehmen.

Alle Enneagramm-Typen haben Kraft. ACHTer bemühen sich um externe, aktive, potente Kraft. Sie sind nicht interessiert an der Macht der Musik oder an Überzeugungskraft, sondern bevorzugen physische Stärke. Oft sind sie große starke Menschen mit besonders breiten Schultern. Bei so gebauten Menschen wirkt körperliche Kraft besonders überzeugend. Wenn sich ein Konflikt anbahnt, durchzuckt die ACHTer eine kurze freudige Erregung, während andere eher Schmerz fühlen

Es gibt einen ganz einfachen und traurigen Grund dafür, dass ACHTer Konflikte genießen: Sie bestärken ihre Weltsicht und geben ihnen das Gefühl, Recht zu haben. Die Menschen gehen nicht fair miteinander um und schalten dich aus, wenn du sie nicht vorher ausschaltest. »Die Welt ist rau! Gut, dass ich so stark bin.« Wenn Ihnen das unverständlich vorkommt, schauen Sie sich einmal ein Fußballspiel am Samstag Nachmittag an und achten Sie darauf, wie viel Spaß die Leute am körperlichen Wettkampf haben. Und der Boxer *Mike Tyson* ist deshalb so reich, weil er den Zuschauern stellvertretend einen Kick gibt, indem er andere zusammenschlägt.

ACHTer können einsam sein. Sie äußern sich oft zynisch über die Tugenden und die Sanftmut anderer. Ihre Weltsicht ist auf Wettbewerb angelegt, jeder kämpft gegen jeden. Deshalb haben sie Schwierigkeiten, sich in Gruppen zu integrieren, die sie nicht kontrollieren. An der Spitze kann es sehr einsam sein, aber das ist der einzige Platz, an dem sie sich wohl fühlen.

Der Eroberer

Jesus lebte in einer stark von ACHTern geprägten Kultur. Armut, außergewöhnliche religiöse Ansichten und die Unterdrückung durch mehrere fremde Mächte im Laufe ihrer Geschichte hatten den Juden mehr als genug Gründe gegeben, die Welt als einen feindlichen Ort anzusehen, der erst erobert werden muss. Sie sehnten sich nach Königen, die für sie eintreten sollten, und vor allem nach einem Messias, der sie rächen sollte. Als Jesus verkündete, er sei der Messias, glaubten alle Gruppen des Judentums, er sei ihr göttlicher Retter, der Krieger, der sie befreien würde.

Jesus versuchte ihnen mit Hilfe zahlreicher Geschichten und symbolischer Handlungen klar zu machen, dass ihre Hoffnungen auf eine militärische Lösung falsch sind; das wichtigste dieser Symbole ist natürlich das Kreuz.

Ein anderes ist der Esel, auf dem er nach Jerusalem reitet. Während des Ritts rufen alle Zuschauer am Straßenrand »Hosianna« und begrüßen ihn als Messias. Aber er reitet kein weißes Pferd! Er fährt nicht auf einem Streitwagen mit mächtigen Rössern. Er reitet einen Esel, noch dazu ein ganz junges Tier. Es wirkt, als wolle er sagen: »Ja, ich bin euer Messias, ich werde wie ein Eroberer unter dem Beifall der Massen durch die Stadt ziehen. Ich werde euch führen, aber seht, was für ein Streitross ich habe!« Sein etwas anderes Pferd führt eine etwas andere Parade an, weil er ein ganz anderer Messias sein wird als der, den sie erwartet haben.

Markus berichtet in seiner Darstellung der Vorgänge, dass der junge Esel noch nie zuvor geritten worden sei. Wie konnte er das wissen? Offenbar bedeutet »nie zuvor geritten«, dass es nie zuvor einen Ritt wie diesen gegeben hatte; dies war eine völlig neue Form des Siegeszugs. Das Pferd war nicht wie bei den üblichen Triumphzügen nach einer Schlacht eingesetzt worden, denn Jesus hatte etwas ganz Neues im Sinn. Ich schlage vor, dass ACHTer sich irgendwo die Statuette eines Esels aufstellen, einfach nur, um ab und zu darüber zu meditieren. Ein Esel ist ein zähes kleines Tier, aber er hat eine gewisse Zurückhaltung und Bescheidenheit, die gesunden ACHTer gut ansteht.

Bevor wir uns anderen Gleichnissen zuwenden, sollten wir uns mit einem Befehl Jesu beschäftigen, weil er einer Weltsicht entspringt, die sich radikal von der der ACHTer unterscheidet. Der Text lautet:

Bittet, dann wird euch gegeben; sucht, dann werdet ihr finden; klopft an, dann wird euch geöffnet. Denn wer bittet, der empfängt; wer sucht, der findet; und wer anklopft, dem wird geöffnet. (Matthäus 7,7–8)

Die ACHT sieht in ihrer Trance eine ganz andere Welt, in der man alles selbst tun muss. In dieser Welt gilt Bitten als Schwäche, und die ACHT hat schon früh die Erfahrung gemacht, dass man, wenn man eine Tür geöffnet haben möchte, zunächst einmal hart klopfen muss. Und wenn das nicht wirkt, schlägt man sie einfach ein. Jesus dagegen spricht von einer unendlichen Güte und einer zärtlichen Beziehung zu seinem Vater, die ACHTer brauchen, aber nur schwer akzeptieren können.

ACHTer sehen die Welt Gottes als einen Ort, an dem ihnen nicht geholfen wird. Jesus dagegen versucht uns klar zu machen, dass unser Vater weiss, was wir brauchen, und gern bereit ist, es uns zu geben. Viele ACHTer haben Probleme mit Bittgebeten und berichten von ihrem Zorn und ihrer Wut auf Gott. Es fällt ihnen schwer, die Ungerechtigkeit, die sie überall bemerken, mit der Gerechtigkeit, die Gott ihrer Meinung nach in der Welt schaffen sollte, in Einklang zu bringen. Zu ihren Gunsten muss allerdings gesagt werden, dass sie oft bereit sind, dieser Gerechtigkeit zum Durchbruch zu verhelfen.

Führung

Nachdem die Mutter der Söhne des Zebedäus Jesus gebeten hatte, ihnen die Ehrenplätze zuzuweisen, rief Jesus die Jünger zu sich und sagte ihnen:

> ... Ihr wisst, dass die Herrscher ihre Völker unterdrücken und die Mächtigen ihre Macht über die Menschen missbrauchen. Bei euch soll es nicht so sein, sondern wer bei euch groß sein will, der soll euer Diener sein, und wer bei euch der Erste sein will, soll euer Sklave sein. Denn auch der Menschensohn ist nicht gekommen, um sich dienen zu lassen, sondern um zu dienen und sein Leben hinzugeben als Lösegeld für viele. (Matthäus 20, 25–28)

Diese neue Vorstellung von Führung ist für die ACHTer eine Zwickmühle. ACHTer sind aufgrund ihrer Energie und ihrer Konzentration auf das Wesentliche die geborenen Anführer, immer bereit, Verantwortung zu übernehmen. Doch wie soll jemand Verantwortung zeigen, indem er Füße wäscht, am Tisch aufwartet oder kleine Kinder herzt?

Dieses Paradox kann besonders für ACHTer sehr hilfreich sein. Gesunde ACHTer können den Schwachen dienen. Um dorthin zu kommen, müssen sie erkennen, dass Kampf für sie ein Weg ist, sich lebendiger zu fühlen. Wenn sie ihr Seelenleben mit dem Gefühl des Mitleids für die Opfer von Ungerechtigkeiten anreichern können, werden sie sich weniger einsam fühlen und weniger die Notwendigkeit sehen, Rache zu üben. Sie dienen den Wehrlosen. Sie bleiben Kämpfer, werden aber zu Rittern, die etwas Heiliges schützen. Es ist ihnen klar, dass kleine Leute großen Leuten und große Leute kleinen Leuten helfen, dass aber alle *anderen* helfen. In ihrer Trance gefangene ACHTer beschließen, niemandem zu helfen, weil sie fest davon überzeugt sind, dass niemand auf ihrer Seite steht. Doch auch wenn das der Fall wäre, könnten sie Beweglichkeit beweisen und sich jemand anderem an die Seite stellen. Das ist ganz und gar nicht feige, wenn klar ist, dass sie nicht von diesem anderen abhängig sind. Und natürlich ist es großartig, wenn sie den Bedürftigen und Hilflosen zur Seite stehen. Das können sie hervorragend.

Ein anderes kraftvolles Gleichnis, das jeder kennt, wird oft falsch verstanden:

> Ihr habt gehört, dass gesagt worden ist: Auge für Auge und Zahn für Zahn. Ich aber sage euch: Leistet dem, der euch etwas Böses antut, keinen Widerstand, sondern wenn dich einer auf die rechte Wange schlägt, dann halt ihm auch die andere hin. Und wenn dich einer vor Gericht bringen will, um dir das Hemd wegzunehmen, dann lass ihm auch den Mantel. Und wenn dich einer zwingen will, eine Meile mit ihm zu gehen, dann geh zwei mit ihm. Wer dich bittet, dem gib, und wer von dir borgen will, den weise nicht ab. (Matthäus 5,38–42)

Es trägt zum richtigen Verständnis bei, wenn man ein bisschen über das römische Recht weiß, das zu jener Zeit in Israel galt. Jesus sagt: »Leiste den Bösen keinen Widerstand«, aber er empfiehlt uns nicht, uns hinzulegen und andere über uns wegtrampeln zu lassen. Seine Botschaft lautet: »Benutzt das Rechtssystem.« Im römischen Recht, unter dem die Juden damals litten, war festgelegt, dass ein Ranghöherer einem Rangniedrigeren eine Ohrfeige geben durfte, um ihm zu zeigen, wo sein Platz war, dass er ihn aber nicht mit der Faust ins Gesicht schlagen durfte. Auf heute übertragen heißt das: Wenn jemand dich ins Gesicht schlägt, um dich zu beleidigen, dann halt ihm die andere Wange hin. Wenn er dich noch einmal schlägt, kannst du ihn anzeigen. Mit anderen Worten: Lass dein Temperament nicht mit dir durchgehen. Wende keine Gewalt an. Benutze deinen Kopf.

Nach dem gleichen Prinzip hatte ein Soldat das Recht, jemandem das Hemd wegzunehmen. Wenn er jedoch auch den Mantel forderte, machte er sich eines Verbrechens schuldig, denn er zwang sein Opfer damit, sich unsittlich zu entblößen. Dafür konnte es ihn zur Rechenschaft ziehen!

Und was Jesu Rat betrifft, auch noch eine zweite Meile zu gehen, so bezog er sich – egal, wie dieser Satz von frommen Menschen verstanden worden ist – offenbar ebenfalls auf das römische Recht, nach dem ein Soldat jeden, der ihm begegnete, zwingen konnte, seinen Proviant und sein Gepäck eine Meile weit zu tragen. Aber nur eine. Wenn er einen Zivilisten zwang, zwei Meilen zu gehen, konnte er deswegen vor Gericht verurteilt werden. Wenn man also zwei Meilen mit ihm ging, konnte das dem Soldaten große Schwierigkeiten mit seinen Vorgesetzten einbringen.

Jesus gibt hier dieselben paradoxen Ratschläge, die auch bei asiatischen Kampfsportarten sehr wichtig sind: Leiste der Gewalt nicht gewaltsam Widerstand. Lass sie weiter gehen, als sie eigentlich wollte, indem du ihr keinen Widerstand entgegensetzt. Das Böse verausgabt sich selbst, ohne dass du es auch noch steigern musst.

Beachten Sie die dahinter stehende Psychologie, die dem Charakter der ACHT entgegensteht. Wenn du das Böse absorbierst, anstatt es zurückzuzahlen, stehst du unter dem wohlwollenden Schutz des Rechtssystems. Wenn man dieselbe Logik auf einer höheren Ebene anwendet, heißt das, dass man, wenn man das Böse nicht zurückgibt, durch die Güte des Vaters geschützt wird.

Das Böse anzunehmen, ist ein Mittel, um mit ihm fertig zu werden. Letztendlich führt diese Einstellung zum Kreuz und zur Auferstehung. Die vollkommene Aufnahme des Bösen (der Tod) führt zur vollkommenen (ewigen) Freude. ACHTer müssen sich sehr überwinden, um Böses hinzunehmen, weil das auf kurze Sicht nicht gerecht erscheint. Vielleicht können sich einige ACHTER dazu durchringen, die Auferstehung als eigentliche Rache zu sehen!

Gott gibt uns hier ein Modell, wie man Böses in sich aufnehmen kann – nicht indem man Böses mit Bösem vergilt, sondern indem man die Sünden vergibt. Vergebung unterscheidet das Streben nach Gerechtigkeit vom Streben nach Rache.

Dies führt zu dem größten Paradoxon in der Lehre Jesu: Im Reich, der Gerechtigkeit werden Sünden nicht bestraft, sondern vergeben. Wir haben so oft von Vergebung reden gehört, dass das Wort allmählich nichtssagend wird. Doch vor dem Hintergrund ständiger blutiger Opfer als Sühne für moralische, rituelle oder körperliche Verfehlungen wirkte es revolutionär. Jedesmal wenn sie mit dem Bösen in Berührung kamen, glaubten die Menschen, Gott wolle sie strafen. Als Jesus über den nicht strafenden Gott und über eine Welt sprach, in der Opfer überflüssig sind, machte ihnen das Angst. Es war so ähnlich, als wenn man den Bewohnern der Innenstädte erklären würde, dass die Polizei die Menschen nur aggressiver mache und die Verbrechensrate deshalb ansteige und dass man deshalb empfehle, die Polizei abzuschaffen. Die Menschen würden sich fragen: »Wer wird sich dann mit dem Bösen auseinandersetzen.«

Die ACHT fühlt sich dadurch direkt und zutiefst in ihrer Weltsicht angegriffen. Die Leidenschaft der ACHT ist die Gerechtigkeit, doch ihre Sünde ist ihre Sucht nach Rache und Vergeltung. Rache erzeugt das gleiche Gefühl wie Gerechtigkeit. Doch egal ob im Sandkasten oder in Bosnien, es ist ganz allgemein so, dass die Gewalt eskaliert, wenn man sie Schlag für Schlag zurückzahlt.

Wenn eine Mutter einen Streit im Sandkasten schlichten will, darf sie auf keinem Fall fragen: »Wer hat damit angefangen?«, denn dann nimmt die Kette von Anschuldigungen kein Ende: »Ich habe dich geschlagen, weil du mich geschubst hast. Das hast du getan, weil ich dir deinen Laster weggenommen habe, weil du mich nicht ...« Und die Kette kann sich auch immer weiter fortsetzen: »Du hast mich geschlagen, also werde ich deine Sandburg kaputtmachen, woraufhin du Sand auf mein Eis streuen wirst, und ich werde dir dann deinen Ball wegnehmen ...« Was im Sandkasten noch ganz lustig aussieht, wirkt sich in Bosnien tragisch aus. Der amerikanische Dichter *Howard Nemerov* hat es treffend beschrieben: »Die Morde werden zu Erinnerungen, und die Erinnerungen werden zu heiligen Verpflichtungen.«

Wie so viele andere Formen gestörten Denkens ist auch das Bedürfnis nach Rache erst einmal in sich logisch. Es wirkt auf den ersten Blick nur vernünftig, Menschen zu bestrafen, wenn sie etwas falsch gemacht haben. Amerika glaubt felsenfest an die Rache. In den Vereinigten Staaten, wo man fieberhaft an immer neuen Gefängnissen baut und die Todesstrafe allgemeine Zustimmung findet, fühlt sich eine ACHT sicher zu Hause. Und auch in Jesu Umfeld war es nicht anders: »Auge für Auge und Zahn für Zahn« – dieser alttestamentliche Spruch sollte die Rache in Grenzen halten, damit nicht zwei Augen und ein Arm für einen Zahn oder ein Leben für eine Beleidigung gefordert wurde. Das war sein eigentlicher Sinn: »*Nur* ein Auge für ein Auge.«

Diesen Rachedurst kann man nur durch einen Akt des Glaubens beenden, indem man nämlich fest davon ausgeht, dass der Geschädigte letztendlich durch Gott Genugtuung erfahren wird. Sehr hilfreich ist hier die Formulierung des Vaterunsers. Wenn man es genau betrachtet, stellt man fest, dass viele Bitten im Passiv gehalten sind:

Vater unser im Himmel,
geheiligt werde Dein Name,
Dein Reich komme
Dein Wille geschehe
Wie im Himmel so auf Erden.
Unser tägliches Brot gib uns heute
und vergib uns unsere Schuld,
wie auch wir vergeben unseren Schuldigern,
und führe uns nicht in Versuchung,
sondern erlöse uns von dem Bösen.

Alle fett gedruckten Zeilen stehen im Passiv, in einer aramäischen Form, die man »göttliches Passiv« nennt, weil Gott hier handeln soll. Alle kursiv gedruckten Zeilen beinhalten das, was wir von Gott erbitten.

Achter können so anhand des bekanntesten Gebets der christlichen Welt feststellen, dass einzig und allein die Vergebung auch von uns ausgeht (der Satz in Normalschrift). Alles andere liegt bei Gott. Vom Menschen aus ist nur Vergebung möglich, denn die Gerechtigkeit wird Gott bringen. Auch eine mächtige Acht kann nicht aus eigener Kraft Gerechtigkeit schaffen.

Jemandem zu vergeben, kann sehr schwer für die Acht sein, weil sie passiv bleiben muss und eigentlich etwas nicht tun darf. Jeder, der bewusst versucht hat, gewaltlos zu leben, weiß, wie unglaublich schwierig es ist, auch wenn es manchmal wie Feigheit aussieht. Achter sind von ihrem Temperament und ihrer Körperkraft her eigentlich eher auf aktives Handeln eingestellt.

Doch ihr Gerechtigkeitssinn rettet sie. Wenn sie die Nutzlosigkeit der Rache einsehen – Rache bringt keine echte Gerechtigkeit –, dann finden sie einen anderen Weg, das Recht durchzusetzen.

Wenn Achter (oder andere Menschen, die in einer Kämpfertrance gefangen sind) für die Notwendigkeit des Krieges eintreten, lautet ihr erstes Argument, dass wir doch eigentlich ständig Krieg führen: »Wir haben immer Krieg geführt und werden es immer tun. Also hör auf, von Gewaltlosigkeit und Vergebung zu reden.« Und im Großen machen sich die Vereinigten Staaten und alle anderen Weltmächte Gedanken darüber, wie man sich in Bosnien rächen sollte. Und an wem. Achter sollten sich einmal die deutlich erkennbare Hilflosigkeit des Militärs in solchen Situationen vor Augen führen. Größere Bomben bringen nichts, mehr Soldaten auch nicht. Wenn

ACHTer zugeben können, dass das Militär keine echte Lösung anzubieten hat, dann tauchen auch andere Optionen im Schatten der Raketen auf.

Die Bewegung weg vom Streben nach Rache hin zum Streben nach Gerechtigkeit ist normalerweile nur mit Hilfe eines Appells an eine transzendente Macht möglich. Ganz wesentlich ist das Gebet. Vergebung ist der Glaube daran, dass Vergeltung in einem Zusammenhang und einer Form stattfinden wird, mit der (1) die ACHT nichts zu tun haben wird, aus der sie aber indirekt Genugtuung erlangen wird, und dass (2) die starre Trance der ewigen Wiederholung aufgebrochen wird. Wenn die ACHT nicht darauf vertraut, dass Gott sie rächen wird, degeneriert der Wunsch nach Gerechtigkeit normalerweise zum Rachedurst.

Was können ACHTer tun?

Die Vergebung ist in allen Evangelien von zentraler Bedeutung. Lukas schließt sein Evangelium mit den Versen:

... So steht es in der Schrift: Der Messias wird leiden und am dritten Tag von den Toten auferstehen, und in seinem Namen wird man allen Völkern, angefangen in Jerusalem, verkünden, sie sollen umkehren, damit ihre Sünden vergeben werden. (Lukas 24,46–47)

1. Das Bereuen der eigenen Schuld und die Vergebung der Schuld anderer – das ist im Kern die ganze Botschaft der Evangelien. Eine gute Übung für die ACHT ist es, das Lukas-Evangelium ganz zu lesen und darauf zu achten, wie oft von Vergebung gesprochen wird.

2. Vergeltung setzt eine starke Verantwortlichkeit voraus. Manchmal wirkt sie vielleicht wie eine emotionale Reaktion, aber bei den ACHTern gehört auch eine moralischer Imperativ dazu, der sie sehr belastet. Der entsprechende Zorn gibt ihnen die Energie, diese Last zu tragen, aber ansetzen muss man bei der Verantwortlichkeit. ACHTer müssen zugeben, dass sie es leid sind, ihren Groll zu tragen. Sie profitieren von einer Art Bekenntnis ihrer eigenen Fehler, denn dadurch wird ihr Verlangen, andere zu bestrafen, schwächer. Viele ACHTer müssen sich selbst und Gott vergeben. ACHTer können sehr hart sich selbst gegenüber sein, weil sie sich für Dinge verantwortlich fühlen, die sie nicht beeinflussen können.

3. ACHTer können Nutzen aus der genauen Betrachtung der Natur ziehen. Die Natur wird oft als wild und brutal beschrieben, aber das beruht auf selektiver Wahrnehmung. Beobachten Sie, wie viele Lebensformen voneinander abhängig sind oder für einander sorgen. Wem können Sie erlauben, für Sie zu sorgen? Sie sind nicht allein!

NEUNer –
Schlummernde Schönheit

NEUNer können zu den angenehmsten Enneagramm-Typen gehören. Sie sind großartig, wenn man Gemeinschaft, Wärme und Kameradschaft sucht. Sie haben keine Ecken und Kanten, sondern fügen sich überall reibungslos ein. Sie stellen keine Forderungen und schätzen alles, was man für sie tut. Als gute KameradInnen stützen und verstehen sie ihre FreundInnen. Sie können wie ein angenehmer Sommernachmittag sein, an dem man nichts anderes zu tun hat, als Schatten zu suchen und sich so weit wach zu halten, dass man seine Umgebung genießen kann.

NEUNer sind von Natur aus FriedensstifterInnen, die viele verschiedene Ansichten und manchmal auch große Mengen an Informationen in sich aufnehmen und miteinander in Einklang bringen können. Wenn sie reich sind, sind sie äußerst selbstlos und lassen so viele Menschen wie möglich an ihrer Welt teilhaben. Sie drängen sich und ihre Ziele nicht auf, sondern ordnen sich den Wünschen anderer unter, wenn es nur irgend möglich ist.

Wonach NEUNer sich sehnen

Harmonie oder Einheit. NEUNer werden immer wieder als FriedensstifterInnen oder VermittlerInnen bezeichnet. In einigen Enneagramm-Traditionen gilt die NEUN als die Person, die nicht zu sich selbst gefunden hat. Sie will in Harmonie mit allen leben. Ebenso wie die ZWEIER haben die NEUNer die ausgeprägte Fähigkeit mit anderen zu verschmelzen. Sie können alle Seiten einer Frage beleuchten und haben oft kein anderes Ziel, als mit allen zurechtzukommen. Dem amerikanische Präsident *Bill Clinton*, der (meines Erachtens) berühmtesten NEUN unserer Zeit, wird oft vorgeworfen, er höre auf zu viele Ratgeber und habe keine klaren Zielvorstellungen. Man sagt, er sei schwer einzuschätzen. Das sind die Markenzeichen der NEUN. Wenn Clinton den Kongress bat, mit ihm zusammenzuarbeiten, schwang darin auch die Klage der NEUN mit, dass die Menschen nicht genug kooperieren. NEUNer sind harmoniesüchtig. Sie haben in einer feindlichen oder unberechenbaren Umgebung gelebt und sich sehr zurückgehalten, um nicht in die Schusslinie zu geraten. Sie wollen nicht Partei ergreifen, sondern nur in Sicherheit leben und mit allen auf gutem Fuße stehen.

Wonach sie streben

Sie geben sich mit Schlaf zufrieden. Manchmal schlafen sie wirklich, manchmal sinken sie ins Sofa und starren in die Flimmerkiste, manchmal essen oder trinken sie zu viel, um einschlafen zu können. Sie können in die Passivität abdriften, in sich selbst versinken; oder sie leben zwanzig Jahre lang in einer Beziehung, bis sie plötzlich eines Morgens aufwachen und feststellen, dass sie eigentlich schon vor Jahren den Mann, den Job oder die Wohnung wechseln wollten. Oft haben sie sich an ein Umfeld gewöhnt, in dem sie gar nicht richtig wahrgenommen werden, und jetzt nehmen sie sich selbst nicht mehr wahr, besonders wenn es darum geht, was sie wirklich und aus tiefstem Herzen wollen.

NEUNer haben ihr wahres Selbst einschlafen lassen, um Konflikte zu vermeiden, und sind wütend darüber. Unter ihrer Wut verbirgt sich tiefer Kummer. Sie wollen eine Harmonie, die auch ihre eigene Stimme einschließt, doch oft fallen ihre Wünsche vollkommen unter den Tisch. Sie schaffen eine falsche Harmonie, indem sie Konflikten aus dem Weg gehen, untertauchen, passiv bleiben und damit ihr eigentliches Selbst verleugnen. Einheit bedeutet in diesem Zusammenhang Konformität. Diese Welt ähnelt eine Flotte von Flößen, die alle in dieselbe Richtung treiben. Jesus erzählt dieses Gleichnis, das die Sorgen einer NEUN schildert:

... Ein Mann veranstaltete ein großes Festmahl und lud viele dazu ein. Als das Fest beginnen sollte, schickte er seinen Diener und ließ den Gästen, die er eingeladen hatte, sagen: Kommt, es steht alles bereit! Aber einer nach dem andern ließ sich entschuldigen. Der erste ließ ihm sagen: Ich habe einen Acker gekauft und muss jetzt gehen und ihn besichtigen. Bitte, entschuldige mich! Ein anderer sagte: Ich habe fünf Ochsengespanne gekauft und bin auf dem Weg, sie mir genauer anzusehen. Bitte, entschuldige mich! Wieder ein anderer sagte: Ich habe geheiratet und kann deshalb nicht kommen. Der Diener kehrte zurück und berichtete alles seinem Herrn. Da wurde der Herr zornig und sagte zu seinem Diener: Geh schnell auf die Straßen und Gassen der Stadt und hol die Armen und die Krüppel, die Blinden und die Lahmen herbei. Bald darauf meldete der Diener: Herr, dein Auftrag ist ausgeführt; aber es ist immer noch Platz. Da sagte der Herr zu dem Diener: Dann geh auf die Landstraßen und vor die Stadt hinaus und nötige die Leute zu kommen, damit mein Haus voll wird. Das aber sage ich euch: Keiner von denen, die eingeladen waren, wird an meinem Mahl teilnehmen. (Lukas 14,16–24)

Die Gäste geben für ihre Absage triftige Gründe an. Eine kürzliche Heirat zum Beispiel war zur Zeit des Alten Testaments durchaus ein Grund, nicht zum Militär eingezogen zu werden. NEUNer müssen heraushören, dass das messianische Festmahl – eine Metapher für die Beziehung des Menschen zu Gott – wichtiger ist als alles andere. Das trifft die Trägheit der NEUNer ins Herz. Sie haben oft einige Schwierigkeiten, in zwischenmenschlichen oder finanziellen Dingen Prioritäten zu setzen, doch die wichtigste Aufgabe ihres Lebens ist es, aufzuwachen, um ihr eigenes spirituelles Selbst zu finden, und die Entscheidungen zu treffen, durch die sie dieses Bewusstsein aufrechterhalten können.

Die Gleichnisse im Neuen Testament beschäftigen sich bevorzugt mit denjenigen, die sich nicht als von Gott eingeladen betrachten. Sünder, Zöllner, Samariter und Frauen gehören zu denen, die Jesus als TeilnehmerInnen am messianischen Festmahl auswählt. Die Priester und politischen Führer der Juden dagegen fordert er heraus, er reizt und missachtet sie, und zwar nicht, weil er etwas gegen sie persönlich hat oder weil er die Tradition aus theologischen Gründen ablehnt. Er wendet sich gegen die jüdische Hierarchie, weil sie den an alle Menschen gerichteten Ruf zur Gemeinschaft mit seinem Vater verzerrt hat. NEUNer lieben die Einladung, sich einer Gemeinschaft anzuschließen.

Die Hoffnungslosigkeit ist der Grund für den Schmerz und Kummer der NEUNer, die tiefe Überzeugung, dass an sie nie ein solcher Ruf ergangen sei. Sie können dieses Gleichnis lesen und sich zu Recht mit all jenen identifizieren, die sich als Außenseiter betrachten und an den Landstraßen des Lebens ihr Dasein fristen. Sie sind gerufen worden, aber sie haben geschlafen. Wenn sie aufwachen (und das ist auch der Begriff, mit dem NEUNer das Zerbrechen ihrer Trance beschreiben), werden sie den Ruf zur Gemeinschaft hören. Sie haben sich ihr Leben lang nach Gemeinschaft gesehnt.

Die Sünde der NEUN ist die *acedia* oder Faulheit. Treffender ist vielleicht der Begriff Trägheit, denn die NEUN ist auf der spirituellen Ebene faul, was nicht ganz mit dem übereinstimmt, was wir sonst als Faulheit bezeichnen. NEUNer arbeiten oft sehr schwer, also wirken sie nicht faul. Sie sind nur träge, wenn es um das geht, was gerade wirklich wichtig für sie ist. Wenn eine NEUN dringend einen Bericht schreiben muss, ist das in ihren Augen oft genau der richtige Moment, den Scheibtisch aufzuräumen, Telefonate zu führen, einen Dankesbrief zu schreiben, Schnürsenkel einkaufen zu gehen und ihre Gitarre zu stimmen. Die Trägheit der NEUNer ist das Ergebnis einer inneren Hoffnungslosigkeit. In der dritten Klasse wurde einem Jungen, einer typischen NEUN, versprochen, er könne in den A-Kurs aufrücken, wenn er nur seine Hausaufgaben mache. Er machte die Hausaufgaben, aber er wurde nicht in den A-Kurs aufgenommen und gab auf – für immer. Er war nie wieder gut in der Schule. Jahre später führte er dieses Erlebnis als Erklärung an – er gab auf, weil seine Bemühungen nichts anerkannt wurden.

NEUNer glauben, dass all ihre Bemühungen nutzlos sind. In diesem Licht betrachtet macht ihre Einstellung durchaus Sinn. Warum sollte man sich abmühen, wenn man sowieso auf verlorenem Posten steht? *Einstein* sagte einmal, dass es, wenn man eine Aufgabe in Angriff nimmt, besonders wichtig ist, zu wissen, dass sie lösbar ist. NEUNer sind ganz und gar nicht sicher, dass die Aufgaben, vor denen sie stehen, lösbar sind.

NEUNern fällt es schwer, Prioritäten zu setzen. Wenn alle wesentlichen Dinge nicht möglich sind, ist auch nichts wichtig. Und wenn nichts wichtig ist, kann man auch keine Prioritäten festlegen.

Oft kommen sie zu spät, und das wirkt fast wie ein Protest gegen die »Wichtigkeit« der Angelegenheit. NEUNer halten stur an ihrer Weltsicht fest. Wenn sie also jemand bittet, sich zu beeilen und etwas Wichtiges zu erledigen, sabotieren sie den Zeitplan.

Viele Menschen sind passiv-aggressiv, weil offen zur Schau getragene Aggression gefährlich ist und oft gravierend bestraft wird. Die NEUNer jedoch erheben das passiv-aggressive Verhalten zur Kunstform. Sie haben ihre Aggressionen so lange verdrängt, dass sie sich selbst und andere damit betrügen.

Oft greifen NEUNer auf Missverständnisse und konfuse Organisation zurück, um Menschen zu frustrieren, die sie nicht offen beleidigen wollen, mit denen sie aber Konflikte auszutragen haben. Eine NEUN versteht dann einfach nicht, was man meint, oder sie versteht es total falsch. Natürlich tut es ihr nachher furchtbar leid. Eine NEUN in Bewegung zu setzen ist oft eine Sisyphusarbeit. NEUNer lächeln und nicken zustimmend, und später stellt sich heraus, dass sie nichts getan haben. Gründe dafür gibt es genug, denn alle Hindernisse werden in ihren Augen unüberwindlich.»Ich konnte das Auto nicht reparieren, weil heute Dienstag ist, und dienstags gehe ich immer in die Bibliothek«, und das ist dann das Ende der geplanten zweimonatigen Reise. Eine NEUN wird allerdings auch nicht viel dagegen haben, zu Hause zu bleiben.

NEUNer können sehr gut verdrängen, wo ihre wichtigsten Handlungsspielräume liegen. Trotz ihres trägen inneren Kerns können sie strahlend und glücklich wirken. *Ronald Reagan* (meines Erachtens auch eine NEUN) trat in der Öffentlichkeit vergnügt und freundlich auf und scheint auch im Privatleben so gewirkt zu haben. (Wenn NEUNer energiegeladen sind und ihre Probleme bagatellisieren, sehen sie oft aus wie SIEBENer. Was die beiden Typen unterscheidet, ist die innere Hoffnungslosigkeit der NEUN, die dem oberflächlichen Optimismus der SIEBEN diametral entgegengesetzt ist. Beides sind Verdrängungsmechanismen.)

Prioritäten

NEUNern fällt es schwer, Prioritäten zu setzen, weil sie Konflikte hassen. Jesus bestand darauf, Wichtiges von Unwichtigem zu unterscheiden; auch wenn es sehr schwer fällt, ist es die Mühe wert. NEUNer haben Schwierigkeiten zu erkennen, was für ein Akt der Hoffnung es ist, wenn man sagt, dass irgendetwas eine Anstrengung wert ist und dass diese Anstrengung sich bezahlt machen wird. Sie haben etwa die gleichen Bedenken, die Petrus vorbrachte, nachdem Jesus das Gleichnis vom reichen Mann erzählt hatte, der davor zurückschreckte, all seinen Besitz zu verkaufen und Jesus zu folgen:

> Da sagte Petrus: Du weißt, wir haben unser Eigentum verlassen und sind dir nachgefolgt. Jesus antwortete ihnen: Amen, ich sage euch: Jeder, der um des Reiches Gottes willen Haus oder Frau, Brüder, Eltern oder Kinder verlassen hat, wird dafür schon in dieser Zeit das Vielfache erhalten und in der kommenden Welt das ewige Leben. (Lukas 18,28–30)

Hier verbindet Jesus die Forderung nach Hingabe mit dem paradoxen Versprechen, dass wir, wenn wir alles zurücklassen, mehr gewinnen werden – in Ewigkeit! Wenn man diese Aussage wörtlich versteht, steigt tiefe Enttäuschung auf. Der Jünger wird wohl nicht reich oder berühmt werden, oder was immer er sich außer einem Familienleben noch gewünscht hat. Außerdem: Welche Belohnung kann aufwiegen, dass er seine Frau und Familie verlässt? Die Belohnung ist im Akt der Hingabe enthalten: Hingabe setzt die Energien frei, die sein Leben vital und bedeutungsvoll machen. Frau und Familie sind Synomyme für das alte Leben ohne Christus. Familie und Freunde verblassen vor Jesu Aufruf zu einem Leben mit Gott.

Rein psychologisch betrachtet liefert die Hingabe die Energie, die man braucht, um alte Strukturen und Trancezustände hinter sich zu lassen. Dies ist besonders wichtig für NEUNer, die gut in der Lage sind, in ihrer Gemeinschaft aufzugehen. Wenn sie diese Energie, die unter der Oberfläche schlummert, nutzbar machen, können sie ihre spirituelle Trägheit zumindest teilweise überwinden.

Frieden durch Konflikt

Die NEUN kann aus folgendem Gleichnis Gewinn ziehen:

Denkt nicht, ich sei gekommen, um Frieden auf die Erde zu bringen. Ich bin nicht gekommen, um Frieden zu bringen, sondern das Schwert. Denn ich bin gekommen, um den Sohn mit seinem Vater zu entzweien und die Tochter mit ihrer Mutter und die Schwiegertochter mit ihrer Schwiegermutter; und die Hausgenossen eines Menschen werden seine Feinde sein. Wer Vater oder Mutter mehr liebt als mich, ist meiner nicht würdig, und wer Sohn oder Tochter mehr liebt als mich, ist meiner nicht würdig. Und wer nicht sein Kreuz auf sich nimmt und mir nachfolgt, ist meiner nicht würdig. Wer das Leben gewinnen will, wird es verlieren; wer aber das Leben um meinetwillen verliert, wird es gewinnen. (Matthäus 10,34–39)

Jesus, dessen Friedensbotschaft sein ganzes Evangelium der Gnade, des Heilens und der Vergebung durchzieht, besteht darauf, dass sich seine Jünger auf ihn ausrichten und alle anderen Verpflichtungen hinter sich lassen.

Diese Aussage zielt auf den Zusammenhang von Religion und

Volkszugehörigkeit. Die Juden waren das errettete Volk, alle anderen waren unrein, Gegner Gottes, und hatten einen besonderen Namen: *Gojim*. Die Gojim waren ebenso zu meiden wie ihre Nahrung, ihre Kleider, Sitten, Sprache und religiöse Praktiken. Sie waren Sünder. Sünder ist in unserer heutigen weltlichen Kultur ein archaisches Wort, doch in einer religiös geprägten Kultur ist ein Sünder das ultimative Böse – etwa wie ein Kommunist im Amerika der fünfziger Jahre. Auch heute haben wir ein lebendiges Beispiel einer »ethnischen Säuberung« vor Augen: In Bosnien sind »christliche« Serben kulturell so konditioniert, dass sie es für völlig richtig halten, alle muslimischen Kroaten zu vergewaltigen, auszuplündern und zu vernichten. Umgekehrt gilt dasselbe. Und genauso war die Situation zur Zeit Jesu. In den Augen vieler orthodoxer Juden konnte man nur in Gottes Gunst stehen, wenn man Jude war. Alle anderen waren abstoßend und widerwärtig.

Jesus spricht über Familienbeziehungen, weil das Judentum über die Blutsverwandtschaft weitergegeben wurde und Jesus diese Verwandtschaftslinien jetzt durchkreuzte. Matthäus schreibt für eine jüdische Leserschaft, die diese Herausforderung sehr deutlich spürte.

Unter solchen Bedingungen den Frieden zu predigen bedeutete, dass man zunächst einige Konflikte durchstehen musste. Jesu Paradoxon zeigt, dass wahrer Friede nur durch Auseinandersetzung entstehen kann. Für NEUNer ist das furchtbar schwer zu verstehen. In ihrer Trance gefangene NEUNer weigern sich, Konflikte überhaupt wahrzunehmen. Sie gehen schlafen, wenden ihre Aufmerksamkeit anderen Dingen zu, reden endlos, statt irgendetwas zu tun, oder tauchen mit drei Wochen Verspätung bei den Friedensgesprächen auf.

Das Paradox, mit dem Jesus die NEUNer anspricht, ist in diesem Satz besonders prägnant zusammengefasst:

> Wer das Leben gewinnen will, wird es verlieren; wer aber das Leben um meinetwillen verliert, wird es gewinnen. (Matthäus 10,39)

Die NEUN muss Konflikte durchstehen, und dabei wird sie das Gefühl haben, dass ihr Leben auf der Kippe steht. Dadurch wird sie neue Lebenskraft finden. Lebenskraft, spirituelle Energie verspricht Jesus der NEUN zur Belohnung dafür, dass sie sich dem Konflikt stellt, dass sie dabei tausend Tode stirbt. Das Paradoxon wirkt zunächst so eingängig, weil wir es schon so oft gehört haben, doch wenn man es wörtlich nimmt, ist es äußerst verwirrend. Inwiefern verliert man sein Leben für die Gemeinschaft mit Gott? In der Geschichte hat dieses Jesuswort das Martyrium gerechtfertigt, doch schon die frühen ChristInnen verboten ihren Glaubensbrüdern und -schwestern, ohne Zwang von außen zu MärtyrerInnen zu werden. Der Ausspruch darf nicht wörtlich genommen werden. Aber auch eine abstrakte Interpretation macht ihn nicht viel klarer.

Für die NEUNer bedeutet dieser Satz, dass man sich in einer Vielzahl von konkreten Situationen dem Schmerz des Konflikts stellen kann, der immer da ist, sobald man wach ist. Das Gleichnis sagt, dass die Welt nicht hoffnungslos ist, wenn man als Kind Gottes in einer fürsorglichen Welt die Fülle des Lebens erfahren darf. Es ist völlig ungefährlich unter der Decke hervorzukommen und im Sonnenschein spazieren zu gehen. Das Gleichnis macht klar, dass die Welt ein Ort ist, an dem der Versuch, die Einheit mit Gott zu erlangen, in wachsendem Maße möglich und fruchtbar ist.

Konflikt ist ein notwendiger und reizvoller Teil des Lebens. Durch Konflikte wird uns klar, was wir wollen, wer wir sind und wo wir stehen, und sie verhindern, dass wir falsche Entscheidungen treffen. Konflikte sind für gesunde Menschen so etwas wie die Schwerkraft; sie hält uns davon ab, schneller zu gehen, aber ohne sie könnten wir uns gar nicht bewegen. Um mit ihr zurecht zu kommen, entwickeln wir Stärke und Vitalität; unsere Muskeln und unser Gleichgewichtssinn wachsen.

Die Dynamik der Veränderung

Wenn Jesus Gleichnisse vom Gottesreich erzählt, sind sie hoffnungsvoll – genau das, was die NEUN am dringendsten braucht. Die folgenden Gleichnisse zeigen etwas von dieser Dynamik:

> ... Mit dem Himmelreich ist es wie mit einem Senfkorn, das ein Mann auf seinen Acker säte. Es ist das kleinste von allen Samenkörnern; sobald es aber hochgewachsen ist, ist es größer als die anderen Gewächse und wird zu einem Baum, so dass die Vögel des Himmels kommen und in seinen Zweigen nisten. (Matthäus 13, 31–32)

> ... Mit dem Himmelreich ist es wie mit dem Sauerteig, den

eine Frau unter einen großen Trog Mehl mischte, bis das Ganze durchsäuert war. (Matthäus 13,33)

Matthäus spricht die Besorgnisse an, die die feindseligen Pharisäer in Bezug auf die Reinheit der jüdischen Religion anführten. In dem Gottesreich, das Jesus predigt, wird ihr überlieferter Glaube, dass die Volkszugehörigkeit einen Anspruch auf die Gunst Gottes rechtfertige, gar nicht mehr wichtig sein. Das Gleichnis beinhaltet eine Harmonik, die im Herzen der NEUN widerhallt. Was kann man in einer hoffnungslosen Situation tun? Was tat Jesus in einer Situation, die er nicht ändern konnte? Er tat kleine, symbolische Dinge, und damit setzte er so viel Energie frei, dass Millionen von Menschen ihm folgten.

Das Gleichnis schlägt der antriebsschwachen NEUN einen Veränderungsprozess vor. Wenn sie sich bescheidene Ziele setzen und kleine symbolische Schritte tun kann, dann wird sie Energie freisetzen, weil ihre kleinen Schritte Akte der Hoffnung sind. (Dabei wird die Schwierigkeit natürlich darin bestehen, die Ziele auszuwählen, die sie wirklich erreichen will, doch wenn sie das kann, sind diese Gleichnisse hilfreich. Ganz allgemein gehaltene Ziele wie etwa: »Ich möchte ich selbst sein« sind völlig sinnlos.)

Außerdem dienen die Gleichnisse als ein Modell für eine positive persönliche Veränderung. Auch wenn heute viele Menschen von spirituellen Umwälzungen, von einer totalen Veränderung ihres Lebens oder von erschütternden Bekehrungen berichten, waren solche Erfahrungen in den Evangelien durchaus nicht der Normalfall. Die Gnade arbeitet in aller Stille, wie diese Gleichnisse andeuten. Fang klein an, mit ein bisschen Sauerteig oder einem kleinen Senfkorn. Der Veränderungsprozess gewinnt immer mehr Energie und wird zum Selbstläufer. Wenn aus einem Senfkorn ein Baum werden kann, dann kann vielleicht auch eine kleine Veränderung in der Art, wie wir unser Auto pflegen oder unsere Buchführung machen, unser Leben verändern.

Wenn jedoch ein bisschen Sauerteig alles ist, was man braucht, um aus Mehl Brot zu machen, dann sind vielleicht auch nur ein paar kleine Dinge nötig, um einen Arbeitsplatz, eine Familie oder eine Gemeinde zu verändern. Für eine NEUN kann die Vorstellung einer allmählich immer größere Kreise ziehenden Veränderung anziehend sein. Das Ganze wird aber nur dann Erfolg haben, wenn es symbolisch ist – das heißt, dass die Veränderungen auf einer Ebene stattfinden müssen, die tief genug ist, um die wahren Wünsche und Ziele der NEUN zu repräsentieren.

Vielleicht kann eine andere Geschichte dieses Prinzip verdeutlichen. Es war einmal ein junger Mann, der einen berühmten Guru aufsuchte und ihm von seinen Nöten erzählte: Sein Leben war ein Scherbenhaufen, er wusste nicht, was er tun wollte, und vor allem sein Haus war in einem chaotischen Zustand. Der Putz bröckelte, die Fußböden waren klebrig, und die Fenster hatten Sprünge und starrten vor Schmutz.

Der weise Guru hörte zu und sprach erst, als der Mann mit seinen Klagen zu Ende war. »Nein«, sagte er, »du bist noch nicht so weit, dass du bei mir lernen kannst. Ich kann dir nicht helfen.« Der junge Mann wurde traurig, als er dies hörte, doch seine Miene hellte sich auf, als der Guru sagte: »Aber eine Sache kann ich für dich tun. Ich werde dir ein Geschenk machen. Ich glaube, dass es helfen wird.« Dann befahl er dem jungen Mann nach Hause zurückzukehren, nachdem er sich seine Adresse hatte geben lassen.

Am nächsten Tag wartete der junge Mann gespannt und war hocherfreut, als ein wunderhübsches Sofa geliefert wurde. Er sagte den Männern, die es auslieferten, dass sie es vor die schmutzige, rissige Wand stellen sollten. Dann setzte er sich erst einmal hin und bewunderte es – eine Weile lang.

Dabei fiel ihm der schroffe Gegensatz zwischen dem schönen Sofa und der unansehnlichen Wand auf. Also strich er, inspiriert von der Schönheit des Sofas, die ganze Wand neu, reparierte die Risse im Putz und hängte ein hübsches Bild auf.

Dann setzte er sich wieder hin, um das Sofa vor der Wand zu bewundern – wenigstens eine Weile lang.

Doch dann fiel ihm auf, wie schrecklich der übrige Raum im Vergleich zu seiner frisch gestrichenen Wand und dem schönen Sofa wirkte. Also machte er sich an die Arbeit und putzte den Rest des Raums. Es dauerte eine Weile, aber dann glänzte der ganze Raum fleckenlos und hübsch hergerichtet. Nie hatte er in einer so eleganten Umgebung gelebt. Er setzte sich, um den Raum mit seiner wunderbaren Ausstattung zu bewundern – für eine Weile.

Plötzlich wurde ihm klar, wie der Rest des Hauses im Vergleich zu diesem Raum aussah. Kurze Zeit später war das ganze Haus renoviert. Dann der Hof. Dann die Nachbarschaft und schließlich die ganze Welt!

Solche Veränderungen sind dauerhaft und stabil. Für die NEUN ist besonders wichtig, dass jeder symbolische Akt ein Akt der Hoffnung ist, der ihrer verzerrten Sicht einer hoffnungslosen Welt diametral entgegensteht. Und jedesmal, wenn eine NEUN mit ihrer verzerrten Sicht konfrontiert wird, wacht sie ein Stück weit auf und nimmt wahr, was sie während ihres Schlafes versäumt hat.

Die Kraft der symbolischen Veränderung liegt darin, dass sie Folgen haben kann, die niemand erwartet. Mit einer Zwangsvorstellung zu leben heißt in einer Welt der Vorhersehbarkeit zu leben. So weit wir uns in der Trance unseres Enneagramm-Typs befinden, ist unser Verhalten vorhersehbar, weil wir mit Hilfe unserer Weltsicht alles ausgefiltert haben, was wir nicht zu kennen glauben. Wenn zum Beispiel jemand, den die Wut fest in ihrem Griff hat, wütend ist, dann kann er nur das sehen, angreifen oder umgehen, was in einer Beziehung zu seiner Wut steht. Andere Themen, die nichts damit zu tun haben, steigern diese Wut nur noch oder langweilen ihn ganz einfach.

Wenn wir symbolische Veränderungen vornehmen, wissen wir, welche Vorleistung wir bringen. Aber dann findet eine Verwandlung statt, mit der wir nicht gerechnet haben. Um in den Bildern des Gleichnisses zu sprechen: Wir streuen ein Senfkorn aus und haben plötzlich einen Baum vor uns. Ein Senfkorn ist noch kein Baum, es ist ein System zur Energieumwandlung. Deshalb sind symbolische Handlungen für NEUNer so attraktiv. Sie setzen Energien frei und Veränderungen in Gang, die die NEUNer nicht vorher planen müssen.

Wer unter euch?

Jesus spricht:

Wenn einer von euch hundert Schafe hat und eins davon verliert, lässt er dann nicht die neunundneunzig in der Steppe zurück und geht dem verlorenen nach, bis er es findet? (Lukas 15,4)

Seine einleitende Wendung, die wir auch zu dem bekannten: »Wer unter euch?« umformen könnten, ist eine der radikalsten Phrasen in der Geschichte des Glaubens. Sie ist in sich paradox, weil sie von uns verlangt, dass wir eine metaphorische Erklärung einer Realität akzeptieren, die uns gerade eben noch ungeheuerlich erschien.

Das »Wer unter euch?« ist bezeichnend für den Unterschied zwischen einer gesunden, reifen Religion und irgendwelchen Kulten. Es hat seinen Ursprung im Glaubenssystem Jesu.

Die Propheten setzten ihren Weissagungen einen Appell an die Autorität Jahwes voran. Sie begannen mit der Formel: »So spricht der Herr.« Wenn man anfängt, im Namen des Herrn zu sprechen, ist man entweder verrückt oder erleuchtet und kann dementsprechend eine starke negative oder positive Aufmerksamkeit für sich gewinnen. Die Propheten waren davon überzeugt, dass die Autorität des Herrn sie stützte, und nur bis zu dem Grad, bis zu dem sie Männer des Gebets und der Wahrhaftigkeit waren, sollte man ihnen glauben. Folgerichtig entwickelte sich über Jahrhunderte hinweg ein ganzer Katalog von Kriterien, mit dessen Hilfe man erkennen konnte, wer ein echter Prophet war und wer nicht.

Jesus war ein wahrhaftiger Glaubenslehrer. Wir sind davon überzeugt. Seine Jünger waren davon überzeugt. Er war davon überzeugt. Dennoch benutzte er niemals die geheiligten Einleitungsworte der Propheten. Stattdessen baute er auf die Autorität im Herzen seiner Zuhörer. »Wer unter euch weiß nicht eigentlich schon, was ich sage?« Diese einfache Phrase verschob die Autorität weg von ihm und hin zu den Zuhörern und gab ihnen die Kraft, selbst zu entscheiden.

Charismatische Lehrer lehren oft im eigenen Namen. Auch Jesus tut das manchmal. Als er Gewaltlosigkeit predigt, sagt er zum Beispiel:

> Ihr habt gehört, dass ... gesagt worden ist ... Ich aber sage euch ... (Matthäus 5,21–22; 38–39)

Meist jedoch, vor allem wenn er die feindseligen Pharisäer anspricht, beginnt er mit der Wendung: »Wer unter euch?«, und was er dann sagt, leuchtet ihnen allen ein. Doch was heißt das, wenn eine Aussage allen sofort einleuchtet? Es heißt, dass der Zuhörer die letzte Autorität ist. So beruft sich Jesus entweder auf seine Autorität oder auf die der Zuhörer. Kulte und unterdrückende Mächte haben niemals die Möglichkeit, zu sagen: »Wer unter euch?« Jesus hat sie.

Dabei muss Jesus von der Voraussetzung ausgehen, dass alle ZuhörerInnen eine verlässliche innere Autorität besitzen, die es ihnen ermöglicht, religiöse Entscheidungen zu treffen. Diese innere Autorität ist natürlich die Gegenwart des Heiligen Geistes in jedem Menschen. Deshalb gibt es auch keine Hoffnung auf Erlösung, wenn ein Mensch nicht auf den Heiligen Geist in sich hört. Oder wie Matthäus (12,31) sagt: »Die Lästerung gegen den Heiligen Geist wird nicht vergeben«, weil er die Quelle aller spirituellen Entscheidungen ist. Wenn man diese Stimme mundtot macht, kann man keine gesunden spirituellen Entscheidungen treffen.

Dieser Gedanke hilft der NEUN, die ihre innere Autorität weggegeben hat. Sie muss einsehen, dass die spirituelle Autorität noch in ihr ist, dass sie die Kraft und das Recht hat selbst zu entscheiden, wie ihre spirituelle Wahrheit ausssieht, und feststellen, dass sie gleichzeitig auch die Kraft hat, diese Entscheidungen umzusetzen.

Was können NEUNer tun?

1) Lesen Sie die Evangelien und notieren Sie die Passagen, wo Jesus seinen ZuhörerInnen die Verantwortung überträgt. Achten Sie auch auf Wunder, die die Menschen wieder in die Lage versetzen auf eigenen Füßen zu stehen (Heilung des Lahmen) oder mit eigenen Augen zu sehen (Heilung des Blinden). Denken Sie darüber nach, wie viel Kraft Jesus den Menschen gab, für sich selbst zu sorgen.

2) Achten Sie darauf, in wie viele Konflikte Jesus mit seinem Evangelium des Friedens gerät. Lesen Sie die Evangelien und suchen Sie dabei nach Konflikten.

3) Machen Sie eine Liste der Dinge, für die Sie kämpfen würden. Gegen wen?

4) Stellen Sie einen Monat lang jeden Morgen eine Liste der Dinge auf, die sie an diesem Tag erledigen wollen und setzen Sie Prioritäten, indem sie ein a, b oder c vor die einzelnen Punkte schreiben. Am Ende des Tages gehen Sie die Liste durch und prüfen, was Sie erledigt haben. Was sagen Sie zu dem Ergebnis?

Impulse für das spirituelle Wachstum

Richard Rohr/Andreas Ebert
Das Enneagramm
Die neun Gesichter der Seele

Die umfassende Einführung in die uralte, aber zeitlose Seelenkunde des Enneagramms ist der Klassiker in unserem Programm. Nach zehn Jahren haben die Autoren das Werk neu überarbeitet und Erkenntnisse und Erfahrungen der letzten Jahre einfließen lassen.

312 S., 14 x 22 cm, DM/sFr 35,–, öS 255,–,
ISBN 3-532-62245-9

Markus Becker
Enneagramm Typen-Test ETT
Sonderdruck aus »Erfahrungen mit dem Enneagramm«
20 S., DM/sFr 4,90, öS 36,–,
9. Aufl., ISBN 3-532-62130-4

Suzanne Zuercher
Spirituelle Begleitung
Das Enneagramm in Seelsorge, Beratung und Therapie
164 S., DM/sFr 32,–, öS 234,–,
ISBN 3-532-62237-8

Margaret Frings Keyes
Enneagramm und Partnerschaft
Ein Arbeitsbuch für Einzelne, Gruppen und Paare
208 S., DM/sFr 32,–, öS 234,–,
2. Aufl., ISBN 3-532-62142-8

Andreas Ebert
Richard Rohr
Erfahrungen mit dem Enneagramm
Sich selbst und Gott begegnen
368 S., DM/sFr 35,–, öS 255,–,
6. Aufl., ISBN 3-532-62110-X

Marion Küstenmacher (Hg.)
Das Enneagramm der Weisheit
Spirituelle Schätze aus drei Jahrhunderten
372 S., DM/sFr 38,–, öS 278,–,
ISBN 3-532-62194-0

Waltraud Kirschke
Enneagramms Tierleben
2 x 9 Fabeln
152 S., DM/sFr 24,80, öS 181,–,
ISBN 3-532-62155-X

Gerry Pierse
Neun Türen zum Gebet
Enneagramm und christliche Meditation
128 S., DM/sFr 16,80, öS 123,–,
ISBN 3-532-62196-7

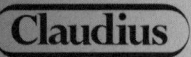 **Bücher, vielseitig wie das Leben**